AF493552

L'ESCLAVAGE

DANS LA

SOCIÉTÉ MODERNE,

ORIGINE ET FIN DU SOCIALISME,

PAR

L'AUTEUR DE *L'AVENIR DE LA FRANCE.*

PARIS,

J. FÉCHOZ, ÉDITEUR,

RUE DES SAINTS-PÈRES, 5.

1873.

L'ESCLAVAGE

DANS LA

SOCIÉTÉ MODERNE.

L'ESCLAVAGE

DANS LA

SOCIÉTÉ MODERNE,

ORIGINE ET FIN DU SOCIALISME,

PAR

L'AUTEUR DE L'*AVENIR DE LA FRANCE*.

PARIS,
J. FÉCHOZ, ÉDITEUR,
RUE DES SAINTS-PÈRES. 5.

1873.

COURTE INTRODUCTION.

LE PEUPLE FRANÇAIS ET LE PEUPLE JUIF. — L'IDOLE : CE QU'ELLE ENFANTE.

Il est des peuples dont la destinée est irrévocablement marquée par une idée qu'ils ont la mission d'abord de conserver pure, intacte, ensuite de propager dans le monde, d'en être les apôtres, même les martyrs.

Ce qui nous frappe et nous paraît même jusqu'à un certain point inconcevable, c'est le penchant de ces peuples à vouloir s'écarter de leur voie et trahir leur mission ; c'est leur humeur rebelle, leur esprit de révolte. Mais ce qui ne nous frappe pas moins, c'est la rigueur avec laquelle Dieu appesantit son bras sur eux, les châtiments exemplaires qu'il inflige à leur infidélité.

Le peuple juif eut la plus haute mission qui se vit jamais, celle de conserver intacte l'idée de l'unité de Dieu et de la propager dans le monde. Dans toutes les phases de son histoire, on le voit marqué du sceau de cette mission qu'il doit remplir, malgré ses murmures et ses rébellions contre Jéhova.

Quand nous jetons un regard sur ces peuplades si divisées des Gaules et réunies sous un pouvoir unique après dix années d'une guerre acharnée, faite par le plus grand génie militaire et politique de Rome, puis réunies de nouveau sous le sceptre de Clovis, de Charlemagne, de Philippe-Auguste, de saint Louis, devenant avec ce législateur la première monarchie de la chrétienté, il nous paraît évident que la destinée du peuple français, comme celle du peuple juif, est irrévocablement marquée au sceau d'une idée civilisatrice. S'il a été donné à celui-ci d'être le conservateur et l'initiateur de l'idée et de l'unité de Dieu, n'a-t-il pas été donné à celui-là d'avoir eu, dans la chrétienté, par ses lois, ses institutions et son esprit, l'initiative de l'unité monarchique? Cette monarchie française, avec son autorité unitaire, son caractère paternel, son admirable hiérarchie, n'était-elle pas aussi le gouvernement qui convient le mieux à une nation catholique? Nous devons le croire, puisque les pères spirituels, les évêques, ont travaillé si naturellement, si efficacement, à la construction de cet édifice, qu'on a comparé leur travail à celui des abeilles qui construisent une ruche.

Mais ce qui nous porte invinciblement à croire à la mission de cette idée monarchique chez la nation française, ce sont les maux, les désastres, les fléaux qui la visitent et la menacent d'anéantissement dès qu'elle n'est plus sous l'autorité légitime de ses rois. Qu'on ouvre son histoire, et, de siècle en siècle, on y verra les grandes catastrophes liées à l'abandon ou à l'absence de l'autorité royale légitime. Et, comme chez le peuple juif, quelle humeur rebelle, quel esprit de révolte !

La Bible nous raconte que Dieu voulut une fois effacer du livre de vie le peuple qu'il s'était choisi, en le voyant si enclin à l'idolâtrie. Moïse cria au Seigneur avec larmes et gémissements de faire tomber sur lui cet arrêt de mort, de l'effacer du livre de vie ; et ses cris fléchirent le Dieu dont la miséricorde surpasse de beaucoup la justice.

A bien des siècles de distance, le Souverain des rois et des peuples n'a-t-il pas prononcé cette même sentence contre le peuple français, qu'il semblait s'être choisi ou avoir préféré entre tous? Pendant les quarante jours que Moïse s'entretint avec Dieu sur le mont Sinaï, le peuple courut à Aaron et le força de lui faire un veau d'or qu'il adora ; c'est ce qui lui attira la sentence de mort. Le peuple français, après s'être révolté contre l'autorité de son roi légitime, a adoré le veau d'or pendant quarante ans. Aussi Dieu paraît-il avoir voulu l'effacer du livre de vie en envoyant contre lui des armées qui rappelaient par le nombre et les horreurs des combats et des dévastations les hordes farouches d'Attila, puis en déchaînant ensuite dans cette capitale qui est comme l'âme de la vie nationale, un autre fléau plus horrible encore, la *Commune*. L'arrêt de mort était évidemment porté contre cette nation prévaricatrice, et elle devait périr.

Mais l'œil spirituel du chrétien voit alors un médiateur bien plus puissant que Moïse, qui intervient pour sauver la patrie. Dieu, écoutant la voix de son Fils, envoie contre ces meurtriers et ces incendiaires une armée qu'il a trouvée dans un pays épuisé de soldats, et, avec son aide, cette armée triomphe du nombre, des fortifications et de l'incendie : elle remporte la victoire contre toute chance de victoire.

A la vue de cette issue inespérée d'une catastrophe unique dans les annales de l'histoire, il nous semble que toute la France aurait dû se prosterner et rendre jour et nuit, pendant une sainte quarantaine, des actions de grâces à la Providence. Il n'en a rien été. Nous avons entendu faire de grands éloges de la bravoure et de l'intrépidité des soldats, du dévouement et de l'habileté des chefs : tous s'étaient couverts de gloire. Mais de la gloire qui revenait à Dieu, il en était fort peu parlé.

Il y a eu sans doute d'habiles manœuvres, de savantes combinaisons, des tentatives hardies et heureuses, dont il convenait de louer nos généraux et l'illustre maréchal qui était à leur tête. Quant à l'homme d'Etat éminent qui déploya dans cette lutte toutes les ressources de son fécond esprit et une activité, sinon surhumaine, du moins au-dessus de son âge, il avait bien le droit de parler avec fierté et satisfaction de la large part qu'il eut au succès. Mais s'il ne lui était pas défendu de parler avec quelque complaisance des actes si décisifs qui l'honorent, ne devait-il pas les faire remonter au souverain Arbitre des destinées humaines ? Lui, l'historien du plus grand capitaine des temps modernes, semblait avoir oublié que les inspirations qui gagnent les batailles dépendent non pas uniquement du génie, mais du plan divin, et qu'elles font défaut lorsqu'elles ne s'y associent plus. Ah ! que cet homme, si bien inspiré pour le salut de la patrie, eût été réellement grand d'abaisser son génie, en rapportant au Très-Haut le succès et la gloire ! Quel honneur lui en serait revenu ! Et quel bel et salutaire exemple n'eût-il pas donné à cette nation française, si remplie de ses propres idées, et toujours prête à se prendre aux plus folles conceptions humaines, dès qu'elles portent l'étiquette de *génie*, de *progrès* et de *libéralisme*.

Mais, au milieu de ce concert d'éloges donnés aux hommes, honneur aux quelques voix qui envoyèrent aussi la louange à Dieu ! Honneur aussi à la noble voix qui, dans l'Assemblée des représentants de la nation, réclama des prières publiques, c'est-à-dire le droit de Dieu à notre reconnaissance !

Toutefois, en présence des ruines entassées et des flots de sang versés, du démembrement de deux riches provinces, d'une partie du territoire encore occupée par l'ennemi, bien des Français ne tardèrent pas à sentir le besoin du secours du Très-Haut. Rejetant loin d'eux la peur des sifflets de tant de libéraux voltairiens, des insultes de tant de démagogues athées, ils se levèrent dans un religieux élan et se portèrent en phalanges serrées aux sanctuaires où Marie, la sainte Patronne de la France, est le plus spécialement honorée et fait aussi le plus efficacement sentir son intercession auprès du Père des miséricordes. Honneur à ces courageux catholiques qui ont tenu haut les saintes bannières de la religion, l'étendard du Christ, en face des sifflets, des hurlements et des insultes de l'impiété ! Vivante et populaire profession de foi, que la France ne connaissait plus depuis des siècles !

Mais en même temps que ces Français entrent dans cette voie salutaire qui les conduira à reconnaître, avec la mission de la France, le droit traditionnel de la monarchie, combien d'autres Français (et nous n'entendons pas reparler des voltairiens et des démagogues), oublieux de toutes nos calamités et même des terribles avertissements donnés par la Commune, replongés pour ainsi dire dans la chair et le sang, courent aux faux dieux et relèvent l'idole favorite !

Cette idole s'appelle *république*. C'est dans la *république* qu'ils ont encore une fois incarné la liberté, cette passion jalouse et aveugle, que l'antiquité nous montre déjà si dangereuse pour les peuples. Mais cette idole de république n'est autre que le *veau d'or*, autour duquel dansaient les Israélites, et pour lequel ils s'étaient dépouillés de leur or.

Ce *veau d'or-république* a enfanté l'esclavage

dans la société moderne, et de cet esclavage sortira bientôt la plus effroyable catastrophe qui ait jamais épouvanté le monde et terrifié les âmes.

Nous espérons montrer clairement que l'esclavage s'est introduit et constitué dans notre société moderne, telle que l'a faite cette liberté idéale et fausse de république.

Mais, pour mieux montrer l'esclavage dans nos sociétés, il convient de le faire voir d'abord dans le monde ancien, puis d'examiner comment il avait été aboli et la société reconstituée par le travail dans son état normal.

Ire PARTIE.

ORGANISATION DU TRAVAIL ABOLISSANT L'ESCLAVAGE ET ENFANTANT LES LIBERTÉS MODERNES.

I.

DE L'ESCLAVAGE.

Les sociétés anciennes fondées sur l'esclavage. — L'esclavage au foyer de la société domestique.

On peut définir l'esclavage un état qui met l'homme dans la dépendance absolue des autres hommes.

Dès la plus haute antiquité nous trouvons l'esclavage établi dans toutes les sociétés, même dans la société juive. Il y a là, partout et toujours, une classe d'hommes qui ne s'appartiennent pas, qu'on fait travailler à merci, moins bien traités en général que les animaux domestiques, et dont on trafique comme du bétail.

Dans les républiques de la Grèce et de Rome on ne concevait pas la société sans l'esclavage. Le citoyen se serait cru avili d'exercer une profession manuelle, mais surtout de descendre à l'état de domesticité. Les exercices du corps, le maniement des armes, le service militaire, les charges publiques, l'exercice des droits politiques, les débats du forum, les fêtes publiques, remplissaient la vie agitée du citoyen. A l'esclave incombaient le travail manuel, les arts mécaniques ou les métiers. Le commerce était ordinairement exercé par des affranchis.

Mais au moins dans ces républiques, dira-t-on, le citoyen était vraiment libre. Eh bien, non, il ne l'était pas ; l'esclavage était écrit dans la loi civile pour le plus grand nombre, surtout à Rome.

Romulus, accoutumé à ne reconnaître d'autre loi que celle de la force, imprima son caractère aux rudiments de législation qu'il donna à sa peuplade. La nature ne fut comptée pour rien dans l'organisation de la famille romaine, qui eut pour base non les liens du sang, mais le lien civil de la puissance. Le pouvoir paternel donnait au père un droit de propriété sur ses enfants et petits-enfants. En vertu de ce droit, comme propriétaire, il pouvait les exposer, les tuer, les vendre et les racheter. La loi des Douze-Tables, apportée à Rome par les décemvirs, consacra le despotisme paternel de Romulus ; elle portait : « Que le père ait droit de vie, de mort et de vente sur ses enfants légitimes. »

Quant au pouvoir marital, cette même loi ne le rend guère moins despotique que le pouvoir paternel. La femme était assimilée à une propriété mobilière. « Comme le domaine des choses mobiles, disent gravement les jurisconsultes, s'acquiert par un an de possession, ce terme suffit pour prescrire la femme et valider le mariage. » Quelle dégradation ! Puis elle était répudiée à peu près selon le bon plaisir de son possesseur, car les causes de répudiation étaient nombreuses.

Avec cet esclavage dans la société domestique, on voit combien il y avait en réalité peu de personnes libres. Enfin, dans ces républiques tant vantées de la Grèce et de Rome, l'esclavage est presque partout.

Ajoutons que les plus beaux génies de l'antiquité, les plus humains, Platon dans sa *République*, Aristote dans sa *Politique*, n'ont pas conçu au fond un autre état de choses, une société sans esclaves.

II.

Loi d'amour et de charité. — Nouvelle société.

Le christianisme révèle et établit sur la terre la loi d'amour ou de charité. Nous ne disons pas seulement qu'il révèle cette loi à l'esprit et la fait régner dans les cœurs : non, nous disons qu'il l'établit sur la terre ; car cette société qui se fonde à Jérusalem dès la première prédication des apôtres, comme nous la trouvons racontée par saint Luc, prouve que la loi d'amour s'établit dès le commencement en fondant une nouvelle société ou en transformant l'ancienne.

Cette société des premiers fidèles, qui naît avec la prédication de l'Evangile, est un fait unique dans l'histoire de l'humanité et forme une date. C'est bien à tort que, par ce temps d'éclectisme philosophique et religieux, on a dit que la vraie charité avait un berceau plus reculé que l'étable de Bethléem. Tous les fragments, tous les textes religieux et philosophiques s'effacent, s'annihilent devant cette formation unique d'une société chrétienne où le lien est la fraternité, où le mariage est un sacrement, symbole de l'union mystique de Jésus-Christ avec l'Eglise, où enfin il n'y a plus de trace d'esclavage, puisque tous les membres de la nouvelle société mettent leurs biens en commun et n'ont plus qu'un cœur et qu'une âme. Toutes les sectes philosophiques et religieuses préexistantes n'ont rien de comparable. D'ailleurs, leur exemple a été stérile, tandis que l'exemple de cette première communauté chrétienne a fécondé le monde.

En effet, c'est par l'exemple que la loi d'amour s'est propagée dans le monde. L'exemple était l'occasion de ces coups de la grâce qui touchaient les cœurs les plus endurcis. « Voyez comme ils s'aiment, » disaient les païens, et ceux qui étaient de bonne volonté en parlant ainsi se convertissaient à la bonne nouvelle.

C'est par l'exemple de la charité que l'esclavage s'abolit dans les premiers siècles, et non par aucune prescription légale ; car il était loisible à un chrétien d'avoir des esclaves, et un esclave pouvait devenir chrétien, tout en restant dans l'esclavage : si son corps ne lui appartenait pas, son âme était libre. Nous voyons ces choses dans l'histoire d'Onésime.

Un chrétien distingué de Colosse avait un esclave nommé Onésime. Ce dernier vole son maître et s'enfuit à Rome pour y jouir en paix du fruit de son larcin. Il y rencontre saint Paul, qui le convertit au christianisme. Cet apôtre, qui était dans les fers et auquel Onésime était devenu très utile, ne croit pas pouvoir le retenir auprès de lui, et il le renvoie à Colosse avec une lettre pour son maître Philémon, qu'il connaissait.

Dans cette lettre il n'enjoint pas à celui-ci de donner la liberté à son esclave, mais, après s'être porté caution pour ce qui lui avait été dérobé, il lui parle ainsi : « Je » vous supplie pour mon fils que j'ai engendré dans les » chaînes, pour Onésime ; lui qui vous a été autrefois » inutile, mais qui est devenu utile à vous et à moi, je vous » l'ai renvoyé : de votre côté, veuillez le recevoir comme » mon propre cœur. J'avais pensé le retenir auprès de » moi afin qu'il me rendît quelque service à votre place, » dans les chaînes que je porte pour l'Évangile. Mais je » n'ai rien voulu faire sans votre avis, afin que le bien » que je vous propose n'ait rien de forcé, mais soit vo- » lontaire. Car peut-être n'a-t-il été séparé de vous pour » un moment, qu'afin que vous le recouvrassiez pour » l'éternité, non plus comme un esclave, mais comme » un frère bien-aimé. »

III.

De la réhabilitation du travail, autre élément de la transformation sociale.

Cette grande fraternité humaine que la charité venait établir sur la terre était sans doute un élément considérable pour l'établissement des nouvelles sociétés chrétiennes qui devaient abolir l'esclavage ; mais cet élément était cependant insuffisant, il en fallait un autre, celui du travail.

L'homme, ainsi que le dit la Bible, est réellement né pour travailler comme l'oiseau pour voler. Il est incontestable que le travail est pour tout homme une obligation à la fois physique, morale et sociale. Si l'homme ne travaille point, il ne pourra point se nourrir : nécessité physique. Puis il doit travailler sous peine de contracter des habitudes d'oisiveté qui engendreraient la paresse, mère de tous les vices : obligation morale. Vivant en société, il est astreint au travail, car on ne saurait le placer dans un état quelconque qu'il ne découlât pour lui l'obligation de travailler.

L'homme étant ainsi constitué que le travail devient une obligation, une nécessité, le christianisme devait réhabiliter le travail. Mais quel travail devait-il surtout réhabiliter ? celui de l'artisan.

La culture des plantes et des fruits est notre première inclination comme notre première nécessité. Nous nous partageons sur tout le reste, le goût de l'agriculture est le seul qui nous réunisse ; quelque diversité que les besoins de la vie ou les usages de la société mettent dans nos occupations, nous nous souvenons toujours de notre premier état. L'homme innocent fut destiné à cultiver la terre ; et, quoique ce travail lui soit devenu plus pénible et plus ingrat, dès qu'il peut s'affranchir des autres travaux ou respirer quelques moments en liberté, une pente secrète le ramène toujours à ce premier état. Nous voyons même, par l'exemple d'Horace, que la vie de courtisan n'éteint pas le goût des champs.

Cependant nous ne devons pas moins honorer les autres travaux manuels que ceux de l'agriculture. C'est sans doute pour nous donner cette leçon que le Sauveur des hommes voulut se soumettre au travail manuel de l'artisan. Sous l'influence de notre inclination naturelle, nous aurions pu, à l'exemple des Romains, honorer l'agriculture et mépriser les travaux mécaniques, qu'ils abandonnaient aux esclaves. Mais notre divin Maître a sanctifié ces travaux. Pendant trente ans de sa vie, il n'a été aux yeux du monde que le fils d'un charpentier, partageant les travaux de son père adoptif, c'est-à-dire charpentier lui-même. Que cette pensée est consolante pour le pauvre artisan et bien capable d'alléger ses longues heures de labeur ! Et quel enseignement pour ceux qui sont appelés à jouir des fruits de son travail ! Combien ne doivent-ils pas honorer le métier et l'ouvrier !

Le précepte du travail, que nous trouvons fréquemment dans l'ancienne loi, devint dans la nouvelle un précepte encore plus strict. « Celui qui ne veut pas travailler, dit le grand apôtre, ne mérite pas que Dieu lui donne son pain de chaque jour. »

Mais c'est encore plus par l'exemple que les prédicateurs de l'Évangile réhabilitèrent le travail de l'artisan alors si méprisé ; car ce même saint Paul, comme on sait, exerçait un métier : il faisait des tentes.

Tous les solitaires de la Thébaïde, tous les moines d'Egypte, étaient des hommes de labeur. Un jour que l'on demandait à l'un d'eux ce que c'était qu'un moine, il répondit : Un moine est un homme de travail, ou plutôt le travail même, puisqu'il doit s'exercer à toutes sortes de peines et de travaux. » Mais les faits sont plus éloquents que ces belles paroles. Les moines ont envahi et défriché les sites les plus agrestes et les plus incultes de notre pays ; ils ont semé et récolté là où jamais main d'homme n'avait laissé trace de culture : *Cluny, Citeaux, Fontevrault, Grandmont, Savigny, Prémontré,* et tant d'autres terrains stériles, leur doivent leur fécondité. Les vallées d'Absinthe, peuplées de voleurs, se peuplaient de ces intrépides travailleurs, et devenaient des vallées illustres et fertiles. A la fin du XVIIe siècle, c'est surtout par le travail qu'a été opérée la réforme de *la Trappe.*

Ainsi donc, le travail, réhabilité par le divin Maître et ses plus parfaits disciples, devint un élément régénérateur et constitutif des grandes sociétés des peuples au moyen de la force ou de la vertu qui lui est inhérente, quand il est bien réglé, quand il suit le vœu de la loi naturelle.

Il convient de mettre cette loi en lumière.

IV.

Loi naturelle du travail.

La divine sagesse, qui a tout réglé dans la nature pour la fin générale qu'elle se propose toujours, le bien de ses créatures, a dû attacher quelque récompense au travail imposé à l'homme. C'est en réalité ce qu'elle a fait. Elle a attaché au travail la *santé,* qui est le premier des biens, puisqu'on ne peut sans elle jouir d'aucun autre : et non-seulement la santé du corps, mais aussi celle de l'esprit.

C'est parmi les moines et les solitaires d'Egypte, dont la vie était un travail continuel, qu'on trouve les plus nombreux exemples de longévité ; d'où l'on pourrait conclure que le travail encore bien plus que la nourriture (car la leur était mauvaise et bien peu copieuse) est une condition essentielle de la santé.

Mais il est un fait général et universel. Les laboureurs et les artisans, travaillant dans des conditions normales, jouissent d'une santé florissante, d'une sérénité et d'une gaieté d'esprit inaltérable.

En second lieu, cette suprême sagesse a attaché au travail le *perfectionnement*. Car l'homme a été placé ici-bas pour se perfectionner. Et qu'est-ce, en effet, que la civilisation et que doit-elle être ? Rien autre chose que le perfectionnement graduel de l'homme ou de la société, qui est l'homme collectif.

Ces deux premiers biens, la *santé* et le *perfectionnement*, sont inhérents au travail, considéré dans l'homme individuel. Elles sont la récompense que Dieu accorde à l'homme qui se soumet au labeur, qui accomplit ce premier devoir de la vie.

Mais l'homme qui travaille pour ses semblables ne recevra-t-il rien de ceux qui profitent de son labeur ? Dieu, qui est la suprême sagesse, est aussi la suprême justice ; c'est pourquoi il a attaché au travail une double rémunération de la part des hommes : rémunération sociale.

La première rémunération du travail, c'est le tribut de reconnaissance que nous devons à tous ceux qui nous obligent. Cette rémunération, toute morale, toute sociale, est souvent unique. Que reçoit la mère, l'active ménagère de famille, pour son travail si diligent ? Un tribut de reconnaissance et d'amour. Que reçoit ou doit recevoir l'homme bienfaisant, souvent plus diligent lui-même, plus laborieux, que l'indigent qu'il oblige ? Ce même tribut de reconnaissance. En outre, le commerce social comporte mille et un petits services, pour lesquels on reçoit simplement des remercîments. Cette rémunération du cœur est le bien de la famille et de la société ; elle est la mère de l'amitié, de l'affection, de l'attachement ; enfin, elle nous procure une douce et intime satisfaction.

C'est ce nom de *satisfaction* que nous donnerons au bien que nous procure cette première rémunération.

La seconde rémunération est le salaire. Elle dérive de ce principe fondamental d'équité, que chacun doit vivre de son état ou de sa profession. La première condition du salaire est d'être équitable de part et d'autre : celui qui travaille ne doit pas demander un salaire disproportionné au travail, et celui qui fait travailler doit payer un salaire qui rémunère suffisamment le travailleur.

Ainsi, dans l'ordre de la loi naturelle, nous retirons quatre fruits du travail, qui sont : la *santé*, le *perfectionnement*, la *satisfaction* et le *salaire*.

D'un autre côté, ces deux grandes vertus morales, la *reconnaissance* et la *justice*, sont les deux conditions sociales du travail, la double source qui doit l'alimenter en le rémunérant.

V.

Comment le travail répond à la double fin de l'homme.

L'homme a ici-bas une double fin spirituelle et temporelle, à laquelle le travail répond parfaitement.

Le travail, quelque bienfaisant qu'il soit, ne laisse pas que d'être pénible. Si nous en cherchons la cause, nous la trouverons clairement expliquée dans la doctrine de l'Eglise. Elle nous dit, en effet, que le travail est devenu une peine qui a été imposée à l'homme pécheur pour faire pénitence, pour expier ses fautes et se réconcilier avec Dieu. Mais, pour qu'il y ait expiation et réconciliation, pour mériter la grâce du pardon et la récompense qui la suit, l'homme doit accepter de plein gré la peine du travail, le labeur, et l'offrir à Dieu pour ses fautes : de cette manière il se sanctifie, il atteint la fin spirituelle qui est le salut de l'âme, la délivrance des maux de cette vie terrestre et l'entrée dans la véritable vie, celle du ciel, qui ne finira pas.

Maintenant, si nous envisageons le travail au point de vue temporel ou terrestre, nous voyons qu'il est encore ce qu'il y a de meilleur au monde.

Ainsi que nous l'avons dit, le travail nous procure le premier des biens, la *santé*. Au fond, la santé c'est la vie, ce par quoi nous existons, nous nous mouvons, nous agissons, nous sentons, ce par quoi nous avons l'être. Comme la fin de l'être vivant est le bonheur (un bonheur imparfait, il est vrai), et que nous ne pouvons le goûter ou le posséder sans la santé, il s'ensuit que ce premier fruit du travail est une condition essentielle du bonheur.

Quant au perfectionnement, il est la qualité la plus humaine, la qualité par excellence de notre être, puisqu'il n'appartient qu'à l'homme entre tous les êtres vivants de se perfectionner. Ce second fruit du travail est donc un bienfait précieux par lequel nous nous élevons à la dignité humaine.

Une autre fin terrestre pour l'homme, la plus indispensable, c'est d'obtenir le pain de chaque jour ; or, le salaire le lui procure. Inutile d'insister là-dessus.

Mais c'est aussi sous le rapport social que le travail, accompli selon les vœux de l'ordre naturel, produit des bienfaits inappréciables. Il a renouvelé le monde romain, qui tombait de vétusté, de paresse et de corruption, qui offrait à peine l'image d'une société, puisqu'il n'y avait plus de liens moraux entre ses membres.

Examinons d'un coup d'œil rapide à travers les siècles la transformation totale qui s'est opérée dans le monde, sous l'influence de la loi bienfaisante et providentielle du travail.

VI.

Transformation au point de vue social.

Le travail, remis en honneur par l'Homme-Dieu et ses disciples, prescrit à tous les chrétiens comme un devoir indispensable, devint le partage des hommes libres et ne fut plus exclusivement dévolu aux esclaves.

Il s'établit dès lors des relations entre l'artisan et le seigneur, ou entre l'ouvrier qui possède peu ou point et ceux qui possèdent les biens et les honneurs, depuis le plus petit tenancier jusqu'aux princes et aux rois.

Ces relations doivent avec le temps ou le concours des siècles abolir d'abord l'esclavage, puis faire tomber les barrières qui séparent les hommes d'une manière si absolue, qu'ils méconnaissent leur origine commune, c'est-à-dire détruire les castes. Car les castes, qu'on trouve encore si invétérées dans l'Inde, existèrent dans toutes les sociétés anciennes, puis dans le monde romain, qui les absorba. Or, la caste est la négation de la fraternité humaine, que le christianisme venait révéler et établir sur la terre.

Sans doute le travail libre était l'élément le plus actif, le plus incessant, de destruction des castes ; mais remarquons en même temps qu'il a toujours su respecter les rangs, les distinctions, en un mot la hiérarchie sociale, qu'il ne faut pas confondre avec les castes. Conformément à l'exemple et au précepte de saint Paul, les chrétiens avaient appris à honorer et à respecter ceux qui étaient élevés en dignité. Les relations découlant du travail ne pouvaient ni ne devaient établir cette égalité absolue destructive des distinctions hiérarchiques, car elles n'eussent plus été, dans le vrai sens du mot, des relations sociales, mais bien des relations antisociales.

Il y a et il y aura toujours dans l'exercice des métiers ou des arts mécaniques le maître, l'ouvrier et l'apprenti. Les rapports entre ces trois sortes de personnes se sont réglés alors selon un ordre inconnu à l'antiquité. Le patronage s'établit. La reconnaissance, ce lien des familles, surtout des familles chrétiennes, entre au cœur de l'apprenti qui va tenir de son maître la connaissance d'un métier, en quelque sorte son pain quotidien ; elle entre aussi au cœur du maître qui profite du travail de son apprenti. Quant à l'ouvrier qui s'associe au travail du maître parce qu'il y trouve des avantages en même temps qu'il en procure, c'est à la fois l'esprit de justice et de reconnaissance qui doit lui procurer la double rémunération de son labeur, un *salaire* équitable et une douce *satisfaction* pour les services rendus. Ajoutons qu'apprenti et ouvrier sont devenus des membres de la famille, et que la bonté du maître ou du père de famille cimente des liens d'affection et d'attachement.

Mais ce qui contribua puissamment à établir le patronage dans des conditions douces et bienfaisantes, c'est l'honneur qui s'attachait au travail sous l'influence de la religion. Les plus grands saints avaient honoré et honoraient les métiers en les exerçant. Aussi les artisans célébraient-ils plus solennellement la mémoire ou la fête de ces illustres patrons. Par là on entretenait l'honneur du métier. La vie de ces saints était populaire. Chacun savait que saint Eloi, tout en devenant habile orfévre, s'était instruit dans les lettres sacrées et humaines, qu'il avait été théologien et grand ministre.

C'est sous cette influence générale de la réhabilitation et de la nouvelle organisation du travail que nous voyons la servitude se modifier à partir des premiers temps de la monarchie. L'esclavage devint le servage. Les serfs demeurèrent à la campagne pour les travaux agricoles, comme aussi dans les ateliers des villes, où ils exerçaient en commun tel ou tel métier.

Au douzième siècle, sous Louis VI, Louis VII et Philippe-Auguste, les affranchissements devinrent très répandus ; aidés par le grand mouvement des croisades, ils devinrent à peu près universels en Europe.

Il serait très intéressant de suivre dans la série des siècles la transformation sociale s'opérant graduellement par le travail, les barrières s'abaissant et tombant, les classes se rapprochant et se mêlant ; mais cela nous conduirait à faire un livre, et tel n'est pas notre dessein. Résumons-nous.

L'histoire nous montre, surtout dans notre patrie, le travail de l'artisan honoré et exerçant une influence de plus en plus bienfaisante, et cela de siècle en siècle, jusqu'au dix-huitième, où une philosophie frivole et matérialiste, quand elle n'était pas antichrétienne, sapa et ataqua même ouvertement toutes les institutions sociales, sans épargner celles qui tenaient à l'organisation du travail.

VII.

Point de vue du perfectionnement et de l'art.

La perfectibilité étant donnée à l'homme à l'exclusion de tous les autres êtres vivants et comme son plus noble apanage, le perfectionnement, nous l'avons dit, est pour ainsi parler la condition humaine du travail. Voué au travail, l'artisan doit se perfectionner, c'est-à-dire toujours mieux travailler, faire par conséquent son œuvre de plus en plus parfaite.

C'est en vue surtout de ce perfectionnement que se sont organisées les maîtrises, les jurandes et toutes les corporations ouvrières. A cette organisation est dû l'art du moyen âge, ce qui fait le plus d'honneur à la civilisation de cette époque.

C'est le christianisme qui produisit, on le sait, la résurrection de l'art écrasé sous la main dévastatrice de l'invasion des barbares. Mais comment cela ? En réhabilitant le travail et l'ouvrier, et en formant les belles associations que nos révolutions ont fini par emporter. Leurs membres se défendaient, s'entr'aidaient et se surveillaient. Il y avait dans ces associations des garanties d'ordre, de loyauté, de secours et d'encouragement. Au moyen âge on cherchait la solidité des institutions et des existences individuelles dans la corporation, comme on l'a cherchée plus tard dans la centralisation.

Dans l'échelle des professions industrielles, on distinguait la maîtrise, le compagnonnage et l'apprentissage. Pour parvenir à la maîtrise, il fallait faire œuvre de maître, c'est-à-dire créer un chef-d'œuvre, une œuvre d'art.

C'est lorsque cette merveilleuse organisation du travail est opérée, que s'accomplit la splendide résurrection de l'art.

Ainsi, l'orgue, perfectionné par ces maîtres ouvriers du moyen âge, a été la mère de la musique moderne.

La peinture, sans doute, ne nous a laissé que peu de fresques, mais ne nous a-t-elle pas dédommagés par d'admirables miniatures dans les manuscrits, que l'on compte par milliers ?

Quand la sculpture est réellement l'œuvre des maîtres,

elle enfante des figures pleines d'élégance et de charme, comme celles qui décorent le portail latéral de l'église de Chartres.

L'orfévrerie cisèle et enrichit des châsses et des ustensiles d'église d'une délicatesse et d'un goût exquis. Limoges répand alors ses émaux incomparables dans toute l'Europe.

Les vitraux viennent s'ajouter à la décoration des églises, et, comme autant d'écrins de pierres précieuses, chaque fragment reflète la lumière tamisée à travers tous les reflets de l'arc-en-ciel. On a voulu faire mieux depuis, on n'a jamais fait aussi bien sous le rapport décoratif.

Mais ce qui signale avec le plus d'éclat le sentiment artistique, ce sont les productions de l'architecture. La foi vivante, l'élan religieux des cœurs et des imaginations, se traduisent dans l'art chrétien, dans ces cathédrales qui sont comme autant de poëmes parlant à l'âme.

C'est la gloire de la France d'avoir été l'initiatrice de cet art. MM. Martens, Schnaase, de Quatt, archéologues allemands, ont démontré que l'art ogival avait pris naissance en France. Ce dernier fait remonter le style de la cathédrale de Cologne, par Amiens, Soissons et Paris, jusqu'à l'abbaye de Saint-Germain (Oise). (F. Deverneilh, *Bulletin monumental*, t. IX, col. 3, p. 254.) Non-seulement l'architecte de Cologne, a consulté Amiens, mais il s'est souvenu de la sainte Chapelle de Paris, ce chef-d'œuvre de dimension limitée, mais de perfection demeurée sans égale. Lorsque l'abbé de Wimpfen-en-Val près Heidelberg veut rebâtir son église (1263), il ne s'adresse pas aux ouvriers de Cologne qui, depuis treize ans, avaient commencé leur ouvrage, il en charge un architecte arrivé de la ville de *Paris au pays de France,* et stipule que l'édifice sera bâti *opere francigeno,* en style français. (*Ann. archéol. Didron.*) Ce style se propage en même temps en Suisse, en Angleterre, en Norwége, puis en Espagne et même partiellement en Italie (1).

En même temps les moines de Citeaux créent le mode d'architecture la plus commode pour les habitations et les églises monacales. Les types qu'ils conçoivent sont imités en Allemagne partout où l'ordre se répand.

La révolution artistique de la Renaissance, toute féconde qu'elle fut, n'était à bien dire qu'une heureuse imitation du paganisme. Le développement de l'art au moyen âge fut le produit de la foi chrétienne. Il prouva la puissance créatrice de l'âme éclairée et échauffée par un rayon céleste.

VIII.

Point de vue des droits civils et politiques.

En perfectionnant son œuvre, l'homme perfectionne ses facultés, devient ainsi plus capable. D'un autre côté,

(1) « Le style ogival, dit M. le vicomte de Vaublanc, a cela de particulièrement beau, qu'il grandit idéalement les objets; c'est par l'entente de la perspective qu'il les rend infinis, tandis que l'art de la Renaissance, en visant au gigantesque positif dans toutes les parties, dépasse son but et le manque. » *(France au temps des croisades, appendice.)*

en acquérant plus de valeur intellectuelle, il acquiert plus de valeur morale. Cela étant, ces simples ouvriers qui créaient des chefs-d'œuvre et qui avaient la conscience de leur intelligence et de leur dignité d'homme, devaient revendiquer des droits civils et même des droits politiques.

Aussi voyons-nous, surtout en France, l'émancipation graduelle des classes ouvrières de la domination des seigneurs. Ce sont les artisans qui revendiquent les franchises communales, le droit de s'administrer eux-mêmes, qui conquièrent enfin les libertés municipales, peut-être les plus précieuses de toutes.

Mais reconnaissons, pour être justes, que nos rois, étendant à toutes les classes du peuple français leur autorité protectrice et paternelle, contribuèrent efficacement depuis Louis VI dit le Gros à la conquête de ces libertés.

Louis IX, ce grand justicier, établit cette juridiction suprême du roi, qui appelait à elle en dernier ressort toutes les causes, avantage immense pour les communes, car elle les garantissait des abus de la juridiction féodale.

C'est sous l'aïeul du saint roi, sous Philippe-Auguste, que ce grand mouvement d'affranchissement paraît avoir été le plus considérable. On compte soixante-treize actes royaux relatifs aux communes. A la bataille de Bouvines, lorsque le roi d'Angleterre, l'empereur d'Allemagne, le comte de Hollande et de Namur, le duc de Brabant et tous les grands vassaux, ligués contre Philippe-Auguste, menaçaient l'existence de la France, les bannières des communes flottent au vent et leurs milices font bravement leur devoir. Il est évident que les communes qui volaient aux armes, qui scellaient de leur sang cette importante victoire, avaient pris leur place comme pouvoir politique.

Pour être édifié sur ces conquêtes pacifiques de tant de siècles, sur la vie publique de nos dignes aïeux, on ne peut trop relire ces remarquables paroles d'Augustin Thierry, mettant les libertés d'autrefois en regard de celles de notre temps. « Les portions diverses de la France, dit-il, jouissaient de la vie sociale aux divers titres de nation unie, de ville libre, de commune affranchie, de cité municipale ; partout on y voyait des traces de jugement par les pairs, d'élection des magistrats, de contribution volontaire... ; mais les parties de la France actuelle sont inanimées, et le tout n'a qu'une vie abstraite et en quelque sorte nominale, comme serait celle d'un corps dont tous les membres seraient paralysés. Or, la France n'est point représentée. Une chambre centrale, siégeant à Paris, n'est point la représentation de la France; elle en est, à la vérité, une partie essentielle, elle est la tête de la représentation, elle n'est point la représentation tout entière. Pour être représentée, la France doit l'être à tous les degrés, dans tous les intérêts, sous tous les aspects..... On devrait y trouver la représentation des communes, la représentation des villes, la représentation des petites parties, celle des grandes parties du territoire, et au-dessus de tout cela, pour couronnement de l'édifice, la seule représentation qui existe aujourd'hui, celle des grands et souverains intérêts de la patrie, plus généraux mais non plus sacrés que les intérêts des provinces, des départements, des cités et des communes..... » Puis, parlant des journaux libres, dont le devoir est aussi de réclamer les libertés locales, le célèbre historien ajoute : « C'est à eux de faire de pareilles réclamations, non pas en invoquant d'une manière vague les lumières du siècle ou l'autorité des législatures antérieures, mais en attestant *ce qui fut de temps immémorial enraciné à la terre de France, les franchises des villes et des provinces ;* en tirant de la poussière les vieux titres de nos libertés locales ; en représentant ces titres aux yeux des patriotes qui ne les connaissent plus, et qu'une longue habitude de nullité individuelle endort dans l'attente des lois de Paris. *Ne craignons pas de mettre au jour les vieilles histoires de notre patrie : la liberté n'y est pas née d'hier. Ne craignons pas de rougir en regardant nos pères : leurs temps furent difficiles ; mais leurs âmes n'étaient point lâches. Hommes de liberté, nous avons des aïeux.* »

Quels sont ces aïeux ? Ces simples artisans, aussi modestes qu'intelligents, fermes et courageux, aussi bons chrétiens que bons citoyens. D'où descendait ce tiers état de 1789 ? D'où descend la bourgeoisie actuelle ? De ces braves gens de métier. Or, ne soyons pas seulement fiers de ces aïeux, mais soyons-en dignes.

IIe PARTIE.

DÉSORGANISATION DU TRAVAIL RAMENANT L'ESCLAVAGE ET ENFANTANT LE SOCIALISME.

I.

Systèmes économiques subversifs du travail. — Quesnay et Adam Smith.

La philosophie du XVIIIe siècle, en donnant naissance aux systèmes économiques, a fait un mal dont on ne peut bien mesurer l'étendue et la profondeur que de nos jours, puisqu'il a pour terme le *socialisme*.

Nous sommes en présence de deux systèmes qui ont fait école : celui du Français Quesnay et celui de l'Ecossais Adam Smith.

Le système de Quesnay est bien éclos sous le souffle de la philosophie du temps. Son auteur, qui n'avait commencé à étudier qu'à seize ans, poursuivit, comme Jean-Jacques Rousseau, ses études dans la solitude, et, avec un esprit systématique, il fut comme lui exposé à tous les écarts de la pensée, à des hypothèses et à des rêves philosophiques qui avaient cours alors. Il règne dans ses écrits, comme dans ceux de Rousseau, un raisonnement singulier, paradoxal, s'éloignant de ce bon sens qui est le cachet de la vérité, puis des idées exotiques qui montrent que l'auteur a abandonné les saines traditions sociales.

Le titre seul de l'ouvrage où il a formulé son système prouve ce que nous avançons : *la Physiocratie, ou du gouvernement le plus avantageux au genre humain.* En effet, ce titre nous apprend qu'il ne s'agit pas seulement pour l'auteur de démontrer, de prouver que la culture de la terre nous fournit la principale source de richesse, mais de faire voir que le meilleur gouvernement consiste à favoriser l'exploitation du sol et surtout l'échange et le trafic de ses produits : voilà donc la haute mission de la royauté française réduite au labour et au trafic, à un ministère de l'agriculture et du commerce. Tout le système est là ; la source de la richesse, c'est l'exploitation du sol et la liberté de vendre et de trafiquer des produits. Cette liberté tant prônée donna lieu à l'adage : *Laisser faire, laisser passer.*

Le plus illustre disciple de Quesnay, celui qui donna le plus de crédit à son système, fut Turgot. Le premier usage que Louis XVI fit du pouvoir à son avénement au trône, ce fut d'appeler Turgot au timon des affaires. On vit alors à l'œuvre l'économiste, *le physiocrate.* Ce ministre n'eut rien de plus pressé que d'appliquer l'adage *laisser faire, laisser passer*, que l'école regardait comme une panacée politique. Que vit-on alors ? L'accaparement, fléau plus dangereux, plus odieux, et, disons le mot propre, plus criminel que le monopole. On eut la famine au milieu de l'abondance du blé.

Adam Smith, initié de bonne heure aux sciences et qui fut longtemps professeur de philosophie, élabora pendant de longues années un système bien autrement savant et mieux conçu que celui de Quesnay. L'auteur n'a pas habité le pays d'*utopie* comme l'écrivain français. Mais nous déclarons tout de suite que son ouvrage : *Recherches sur la nature et les causes de la richesse des nations*, est encore plus dangereux et qu'il a fait bien plus de mal que *la Physiocratie*.

Adam Smith démontre victorieusement que la richesse, dans son expression la plus générale, est représentée par le travail. Mais quelle conclusion tire-t-il de ce fait ? Que la richesse est la fin du travail. D'où il résulterait que la loi de labeur imposée à l'homme se réduit à une question de salaire, à un chiffre. Entre représenter le travail ou l'avantage qu'on en retire par un chiffre, et identifier le travailleur avec ce chiffre, il n'y a qu'un pas ; cela s'appellera alors l'exploitation de l'homme, du travailleur, au profit de la richesse ou du riche qui la possède. Or, ce pas a été franchi, c'est de la dernière évidence.

On a fait le plus grand honneur à cet économiste d'avoir mis en évidence l'effet puissant qu'a la division du travail sur la production, laquelle s'accroît par là dans des proportions immenses. Faisons ressortir de ce système une erreur capitale, qui touche à l'équité.

Notre économiste suppose que l'ouvrier qui, par la division du travail, a fabriqué dix fois plus devient dix fois plus riche. « Chaque ouvrier, dit-il, se trouve avoir une grande quantité de son travail dont il peut disposer, outre ce qu'il en applique à ses besoins ; et comme les autres ouvriers sont aussi dans le même cas, il est à même d'échanger une grande quantité de marchandises fabriquées par lui contre une grande quantité des leurs, ou, ce qui est la même chose, contre le prix. » Il y a là une grosse erreur, mais qui fait honneur à l'honnêteté d'Adam Smith. Oui, en équité, il devrait en être ainsi, et l'ouvrier devrait pouvoir disposer de son travail pour en recevoir le prix de celui qui s'en accommode. Mais la division du travail détruit entièrement cet ordre-là. Elle est basée sur la fabrication en grand, et l'ouvrier n'a aucun droit à l'objet de son travail, lequel appartient au fabricant. Celui-ci, qui en fait son profit exclusif et personnel, donne le moindre salaire possible. L'objet fabriqué par lui est vendu à un marchand en gros, qui le revend à un marchand en détail, chez lequel l'ouvrier et tous les consommateurs l'achètent. Qui s'enrichit ? Le fabricant, les marchands en gros et les marchands en détail, puis les banquiers qui fournissent les fonds, ensuite les constructeurs de machines, etc. Mais l'ouvrier ne s'enrichit point : rarement il arrive à posséder et reste dans l'état précaire du prolétariat. L'équité est profondément blessée.

Outre le salaire réglé d'une manière inique, l'ouvrier perd dans ce système les autres fruits naturels du travail.

La *santé*, cette récompense que Dieu accorde à l'homme de labeur, qui est au-dessus de toutes les richesses, la santé, disons-nous, s'altère vite dans les fabriques ; et la santé de l'esprit s'y altère plus déplorablement encore que celle du corps.

Le *perfectionnement*, ce progrès qui élève et ennoblit le travailleur, disparaît complétement. Car le perfectionnement de l'œuvre par l'ouvrier ne peut trouver place dans la fabrication moderne, où il n'est plus le régulateur, l'ordonnateur de son travail, où, subordonné à la production, il n'est qu'un rouage, qu'une machine dans le travail en grand.

Quant à la *reconnaissance*, cette rémunération si légitime pour un service rendu, elle est renversée, c'est-à-dire qu'elle est due exclusivement à celui qui s'enrichit en donnant parcimonieusement le salaire.

Voyons à présent comment la politique a favorisé cette théorie subversive de la loi naturelle du travail.

II.

Coïncidence des doctrines politiques de 1789 et des doctrines économiques.

Sans la révolution de 1789, les systèmes économiques n'auraient pas suffi à bouleverser le travail, si fortement constitué dans notre société.

Mais nous voyons apparaître la plus fatale coïncidence entre les doctrines économiques et les doctrines politiques. Les unes et les autres préconisaient une liberté illimitée. Et lorsque la Constituante vint abolir cette belle et si admirable organisation du travail, ouvrage des siècles, remontant au berceau des sociétés modernes, on aurait dit qu'elle obéissait aux économistes.

Les corporations, les maîtrises, les jurandes, le patronage, furent supprimés au nom de la liberté, qu'elles gênaient. Toutefois cette organisation survécut assez de temps à elle-même, tant elle était forte et indispensable à un travail bien réglé, ou plutôt parce qu'elle découlait de la loi naturelle.

Mais il y avait un principe révolutionnaire qui avait inspiré l'œuvre de démolition de la Constituante et qui, entré dans la société, devait détruire des traditions et des coutumes qui semblaient braver la loi. Ce principe, écrit dans la constitution sous le titre pompeux de *déclaration des droits de l'homme*, proclamait une égalité absolue et renfermait la destruction du principe d'autorité et de subordination, si nécessaire dans la société en général, mais surtout dans les rapports d'ouvrier à maître.

J.-J. Rousseau a inspiré la Constituante comme il a plus tard inspiré Proudhon. Il est le père du socialisme. Toute sa vie il a poursuivi et en quelque sorte caressé deux idées : l'*égalité absolue* et la *liberté absolue*. Or, remarquons la connexité de ces deux idées : l'égalité absolue des droits comporte la liberté absolue, puisque nul ne peut s'arroger le droit de commander. Mais l'une et l'autre conduisent au renversement de toute autorité, puis elles arrivent à la négation du droit de propriété, c'est-à-dire au communisme ou au socialisme. C'est ce que prouvent avec la dernière évidence l'histoire de notre première révolution et la marche des systèmes économiques.

L'égalité des droits écrite dans la constitution de 1789 mina avec une telle activité l'autorité royale, qu'elle parvint à abolir au bout de trois ans cette autorité dix fois séculaire.

Puis la république établie le 22 septembre 1792 fut obligée de soutenir une lutte sanglante contre le communisme au sein même de la capitale. L'armée communiste de Gracchus Babeuf succomba, il est vrai, dans les plaines de Grenelle ; mais la république se trouva ruinée dans sa base. Elle n'offre plus dès lors qu'un régime chancelant, sans souffle de vie, et le 18 brumaire elle fait place à la dictature du général Bonaparte.

Ici se pose une question très intéressante et qui va droit au cœur de notre sujet. Pourquoi le communisme de Babeuf ne réussit-il pas à remplacer cette vaine forme de république directoriale ? — Comme il se recrutait dans les classes ouvrières, qui sont les plus nombreuses, il lui aurait succédé infailliblement si la société avait toujours marché dans le même ordre d'idées. Mais les partisans du communisme n'étaient pas alors encore assez nombreux, parce que la forte et merveilleuse organisation du travail survivait par ses traditions aux lois qui l'avaient abolie et que la masse des ouvriers était encore moralement trop saine pour devenir communiste.

D'un autre côté, le communisme absolu, avec cette crudité d'expression qui le désignait, donnant l'idée d'une spoliation en grand et d'un état social qui fait descendre l'homme au rang de la brute, soulevait de dégoût les âmes les moins généreuses et les moins honnêtes. Pour réussir, pour se faire accepter jusqu'à un certain point par l'opinion, le communisme aura besoin de la préparer, de la travailler par les fausses doctrines économiques ; il aura surtout besoin d'être autrement baptisé et de s'appeler le *socialisme*.

Mais peu à peu, pendant cette préparation, la théorie avilissante que nous avons signalée, qui ne fait de l'ouvrier qu'un instrument de fortune, qu'une machine productrice, fera sourdement invasion dans toutes les branches d'industrie et emportera jusqu'au dernier vestige de l'organisation du travail.

Essayons de mettre en lumière cette dernière phase qui prépare l'avénement du socialisme.

III.

Temps d'arrêt.—Nouvelle marche des théories subversives aboutissant au Proudhonisme et à l'Internationale. — Régime impérial.

Il serait injuste de méconnaître que la dictature de Napoléon arrêta la marche de cette effrayante révolution dont les doctrines politico-sociales avaient abouti au communisme de Babeuf. Si la privation de liberté paralysa le développement si bienfaisant de l'esprit de la république des lettres, reconnaissons qu'il paralysa également le développement des théories subversives. On peut dire aussi que ce régime fit diversion aux idées en donnant une autre direction aux esprits. Il fit aimer la gloire militaire, mais à un point si exclusif, si étroit et en même temps si exagéré, que cet amour de la gloire finit par produire le ridicule chauvinisme. Que cette gloire coûta cher à la France ! A la chute de l'empire elle était comme un malade saigné à blanc.

La Restauration non-seulement pansa et cicatrisa les plaies profondes de la France, mais, avec une autorité incontestée, elle inaugura un régime de liberté depuis longtemps inconnu; par-dessus tout elle fit revivre l'esprit français, l'esprit et les traditions de cette société sur laquelle s'était modelée et se modèle encore l'Europe. Elle apporta l'ordre partout et remit tout à sa place. Le travail, qui se mourait, se ranima et se rétablit dans ses conditions normales. Fabricant et ouvrier voulurent exceller par la qualité de l'œuvre, par la perfection ; et à cette émulation du beau et du bon correspondait l'émulation de probité, de générosité, de politesse, rémunération qui ennoblissait pour ainsi parler le travail et le travailleur.

Hélas ! 1830 fut une date néfaste pour la France. Quel trouble succéda aux trois journées, 27, 28 et 29 juillet ! Les passions révolutionnaires se déchaînèrent aussitôt et amenèrent quelques mois après les scènes sacriléges de dévastation de Saint-Germain-l'Auxerrois ; puis l'année suivante, en 1832, les émeutes et les noyades à propos de l'irruption du choléra; en 1833, le massacre de la rue du Cloître-Saint-Méry ; en 1834, la sanglante insurrection qui éclata aux funérailles du général Lamarque, sans parler des sept attentats contre le souverain. Enfin, pendant les cinq premières années de la monarchie de Juillet, le sol semblait vouloir s'entr'ouvrir ; la société vivait sur un volcan. Mais revenons à la marche des idées égalitaires et communistes.

Au lendemain de la révolution de juillet, le saint-simonisme commence à prêcher ses doctrines dans une salle de la place de la Sorbonne et dans les salons de la rue Taitbout. Le nouveau dogme était un bizarre mélange de communisme et de théocratie. Mais cette théocratie était plus immorale que celle que prétendait exercer Robespierre au nom de l'Etre suprême. Il s'ensuivit que le saint-simonisme expira en 1832 sur les bancs de la cour d'assises de la Seine.

Le *fouriérisme* recueillit sa succession et eut la vogue à son tour. Fourier n'est pas allé, comme Saint-Simon, chercher sa science dans les bouges infects de Vénus ; c'était au fond un honnête homme, mais qui avait eu le malheur de n'être pas élevé dans la foi chrétienne. Il procède de J.-J. Rousseau et de Quesnay. Il prend au premier son principe si radicalement faux, à savoir que *l'homme sorti des mains d'un Dieu bon est naturellement bon ;* et, comme ce maître, il voit tout le mal dans la société. Comme Quesnay, il étudie avec passion les sciences physiques et les mathématiques ; et, comme lui, il a cette aptitude à tout réduire en formules scientifiques. La loi d'harmonie qu'il contemple dans le monde physique, il la veut transporter dans le monde moral, qui aura comme le premier sa loi d'attraction. Cette loi est formulée dans la théorie du *phalanstère.*

A cette seconde époque des idées socialistes se rattachent l'*humanitarisme* de M. P. Leroux et le *positivisme* de M. Comte. Ces systèmes ont de grandes affinités avec le *fouriérisme.*

Mais l'année 1841 mérite d'être notée comme formant une date dans la marche des idées socialistes par la publication du livre de Proudhon : *Qu'est-ce que la propriété?* Cette publication forme la troisième, et l'on peut ajouter la dernière époque dans la marche ou progression des idées d'utopie rénovatrice, en ce que la théorie socialiste y arrive à sa plus absolue et dernière expression. Proudhon apporte aussi ce qui manque à Saint-Simon, à Fourier, à P. Leroux et à Comte, le souffle et l'audace révolutionnaires qui font passer les idées en actes.

Cette singulière date de 1841 nous paraît aussi avoir eü une influence marquée sur toutes les publications. Comme Proudhon, les autres écrivains à la mode s'inspirent alors d'un souffle démocratique et révolutionnaire. Dans leurs fictions sur des thèmes socialistes qui font le procès à l'ordre social existant, les romanciers atteignent aux dernières limites de l'immoralité : *Les Mystères de Paris* et le *Juif errant*, de M. Eugène Sue, sont les modèles du genre. C'est dans cet esprit ultra-démocratique que M. Michelet et M. Louis Blanc écrivirent chacun une histoire de la révolution française. Le même esprit a aussi poussé Lamartine à écrire son histoire des *Girondins*.

Après les journées de février, on ne tarda pas à s'apercevoir que cette révolution était plus socialiste que politique; il y eut, dans les masses travaillées et provoquées avec une aveugle persistance par les théories subversives, une véritable explosion ; les sanglantes mêlées de juin faillirent amener le triomphe du socialisme.

Après la défaite, Proudhon, plus confiant que jamais dans l'avenir de cette cause, redoubla d'audace et de verve, et publia une série d'écrits propres à vulgariser sa doctrine socialiste et athéiste. On peut dire qu'il la développe bien plus qu'il ne la complète, car elle est déjà renfermée implicitement dans son livre de 1841. Sans le suivre dans ses développements, nous indiquons tout de suite la dernière formule qu'il donne de ses idées les plus avancées dans ses *Confessions d'un révolutionnaire.* Il ne trouve point d'autre solution sociale que celle qu'il a déjà fait entrevoir en 1841, l'*anarchie.* « Tous les hommes, dit-il, sont égaux et libres ; la société, par nature et par destination, est donc autonome, comme qui dirait ingouvernable..... Quiconque met la main sur moi pour me gouverner est un usurpateur et un tyran : je le déclare mon ennemi. » L'anarchie ne comporte pas évidemment la propriété, aussi la supprime-t-il ; mais il la convertit en *possession.* Voici comment il s'y prend. La propriété, c'est la *thèse,* ce qui se pose naturellement à l'esprit ; mais chacun veut être propriétaire, c'est l'*antithèse,* qui appelle la *synthèse,* et la *synthèse,* c'est la propriété non héréditaire ou la possession. Ainsi, carrément, sans ambages, Proudhon supprime la *propriété* et l'*hérédité.*

Le successeur de Proudhon, c'est l'Internationale, qui a fait ses preuves de fidélité et de dévouement aux doctrines du maître, et dont elle veut assurer le triomphe universel. Elle en a même une fois commencé l'application, en brûlant les palais, les demeures des riches et les sanctuaires de la justice.

Pendant la marche progressive de ces théories socialistes, il s'opère dans l'industrie un mouvement parallèle, c'est-à-dire de plus en plus subversif des conditions normales du travail.

Après les commotions révolutionnaires, le gouvernement de Juillet finit par s'asseoir ; mais son influence est moralement désastreuse sur la société française, qui devient alors exclusivement mercantile. Or, le mercantilisme amène de plus en plus l'application du système d'Adam Smith dans la fabrication, où l'ouvrier n'est plus qu'un instrument, qu'une machine productrice. Ce même mercantilisme introduit la confection dans la plupart des métiers. Et, dans la confection, qui n'est mue ou dirigée uniquement que par l'esprit de spéculation, le travail devient une déplorable exploitation de l'ouvrier et une détérioration de l'œuvre.

Avec l'avénement de Louis-Napoléon, le mal arriva à son comble. Par l'agiotage, le jeu de la Bourse, la cupidité devint fiévreuse. Il s'agissait de faire, sans travail et avec peu ou point d'argent, la plus grande fortune possible dans le moins de temps possible. Toutes les branches d'industrie furent plus ou moins exposées au jeu inique et immoral des sociétés par actions, qui annonçaient un capital fictif, des bénéfices exagérés quand ils n'étaient pas fabuleux. Le législateur ne tarda pas à sentir le besoin d'édicter pour les sociétés en commandite des conditions plus rigoureuses de surveillance, des peines plus sévères. Ces dispositions furent impuissantes à prévenir les abus de confiance les plus condamnables, même les extorsions.

Un semblable régime contribuait à élever un mur de séparation entre les ouvriers, les prolétaires, et ceux qui possédaient, ou plutôt, il creusait l'abîme du socialisme. A la vue de tant de fortunes scandaleuses, il était naturel à ceux qui avaient porté et portaient chaque jour le poids du travail de se demander si Proudhon n'avait point donné une définition vraie de la propriété, et s'il n'avait pas aussi été dans le vrai en proposant de la supprimer.

Nous croyons que les désastres éprouvés par la France dans les guerres extérieures et intestines, si grands qu'ils soient en réalité, sont en quelque sorte minimes en comparaison des maux faits au travail, qui est la première condition de vitalité de toute société.

Examinons maintenant la situation et cherchons une solution.

IV.

Simple donnée de la situation.

Nous avons défini l'esclavage, un état qui met l'homme dans la dépendance absolue des autres hommes. Pourrait-on nier de bonne foi que les ouvriers ne soient aujourd'hui dans la dépendance absolue du maître, ou, ce qu'il y a encore de plus dégradant, dans la dépendance absolue du capital, de l'or ? Nous ne pensons pas, en vérité, qu'on puisse de bonne foi nier cette sorte d'esclavage.

Mais on répond à cela que c'est la conséquence naturelle du développement de l'industrie et de la richesse, la conséquence naturelle du progrès. Cette réponse se fait avec l'intime conviction qu'il n'y a point d'objection raisonnable possible. Et la conscience est en repos, car que pourrait-on répliquer à cela : *la conséquence naturelle du progrès.*

En vérité, on est effrayé en découvrant que c'est là cependant le langage vrai, sincère, de ce qu'on est convenu d'appeler les honnêtes gens. Le plus vil esclavage devenu la conséquence naturelle du progrès !

Non, il n'en est rien, et nous bénissons Dieu qu'il n'en soit rien. Il a attaché effectivement un progrès au travail, mais un progrès humain, lequel consiste dans le perfectionnement de l'homme par l'œuvre de plus en plus parfaite qui sort de ses mains et de son intelligence, mais non point dans l'augmentation de la richesse ou de l'or d'une part, et d'autre part dans l'augmentation de la misère et de la servitude.

A la fin du dernier siècle, un prétendu philosophe est venu dire aux hommes : « Travaillez pour produire beaucoup, et vous deviendrez riches, car le travail, c'est la richesse, c'est l'or. » Et la soif de l'or s'allumant de plus en plus, l'ouvrier n'a plus été considéré que comme un instrument producteur, puis on s'est mis à chercher, à inventer des instruments plus puissants que lui, et on l'a attaché à de formidables machines ; et voilà que cet homme, qui a une âme, est devenu *meuble par destination.*

Il n'a pas fallu de longues années de ce régime dégradant, préconisé cependant à l'envi par les économistes, pour démoraliser profondément les classes ouvrières. En même temps, elles sont descendues à un état de misère repoussant, ignoré des temps de barbarie. Peindre cet état de misère, on l'a fait tant de fois que ce serait ici un lieu commun. Qui ne le connaît d'ailleurs ? Celui qui ne veut pas le connaître, car il est sans cesse sous nos yeux.

Enfin, abjection, dégradation morale et physique, voilà le sort du grand nombre des ouvriers.

Le législateur peut-il améliorer cet état de choses ? Non, car il est trop facile d'éluder la loi. Des enfants, par exemple, étaient employés au travail de la fabrique à un âge encore si tendre que leur santé s'altérait pour toujours quand ils ne succombaient pas à la peine. On s'émut, et l'on fit une loi qui défendait d'envoyer les enfants si jeunes aux fabriques ; mais on trouva bientôt moyen de leur faire exécuter l'excédant du travail à la maison. On vit des mères assez dénaturées pour secouer de grand matin leurs enfants par les pieds, afin de chasser la torpeur du sommeil et les courber sur leur tâche.

Quant à limiter des heures pour l'ouvrier, le législateur ne peut point y prétendre. C'est de toute impossibilité, car les salaires descendent souvent si bas, qu'avec un nombre d'heures raisonnablement limité, il ne gagnerait plus sa vie.

Mais le manufacturier ne pourrait-il pas, lui, améliorer le sort des travailleurs ? La question devrait se poser autrement. Le manufacturier peut-il vouloir améliorer ce sort ? Nous répondons sans hésitation non. Ces améliorations par le fabricant sont des thèmes qui ont grande faveur, qui fascinent le plus grand nombre. Mais ces thèmes sont devenus des illusions, pour ne pas dire des mensonges. Car, quelle est maintenant la fin du travail ? La richesse. Pourquoi est-on fabricant ? Pour devenir riche. De bonne foi on ne peut le nier. Avec la concurrence illimitée qui existe aujourd'hui, on ne peut devenir riche qu'à la condition de réduire les salaires le plus possible, et souvent même au-dessous de ce qui est nécessaire à la vie de l'ouvrier. C'est un fait acquis pour ceux qui ont la connaissance pratique des affaires industrielles. Un des plus honnêtes fabricants que nous ayons connus, humain et bon, ayant essayé une fois de réduire au-dessous du nécessaire le salaire de ses nombreux ouvriers, on lui représenta que ces pauvres gens ne gagneraient pas de quoi manger du pain : « Ils mangeront des pommes de terre, » répondit-il tranquillement. L'opinion régnante qu'un fabricant ne peut ni ne doit fabriquer à perte calmait sa conscience.

Si le maître ou fabricant, car tout le travail est devenu fabrique, confection, entreprise et spéculation, si le maître, disons-nous, *ne peut vouloir* améliorer le sort de l'ouvrier, celui-ci, de son côté, *ne peut vouloir* supporter son état de servitude et de misère. Les grèves en sont une preuve sans réplique. Ces grèves, qui se renouvellent si fréquemment et partout, révèlent un symptôme de maladie dans les classes ouvrières ; les jours de travail ne sont plus que des intermittences de la fièvre qui les travaille, en attendant la grande crise. La fièvre qui possède ces prolétaires, ces déshérités des biens de la terre (et des biens du ciel, car on leur a ôté la foi), c'est la fièvre des richesses et de la possession. Et c'est chose naturelle. Les maîtres n'ont-ils pas voué un culte au veau d'or ? C'est uniquement pour amasser des richesses qu'ils sont maîtres ; comment donc leurs ouvriers n'auraient-ils pas le même culte ?

V.

Solution monstrueuse ressortant de la situation.

Mais supposons (ce qui nous paraît presque impossible) que la plupart des maîtres vinssent à s'entendre et que, se contentant d'une fortune raisonnable comme autrefois, ils améliorassent le sort des ouvriers, et qu'à leur tour ceux-ci voulussent bien accepter ce nouvel état de choses, la situation sociale serait-elle changée, les difficultés résolues? Nullement. Nous voyons, par l'exemple de l'Angleterre surtout, que des transactions partielles ont lieu, mais qu'elles n'ont point de durée. Quelques maîtres réduisent les heures du travail et augmentent le salaire; mais la reprise du travail n'est que momentanée et dure jusqu'au jour où d'autres ouvriers, plus exigeants que les premiers, se mettent en grève et entraînent ceux-ci à les imiter.

Il s'est trouvé même des patrons qui ont été au-devant des réclamations et qui ont cherché, par humanité, autant qu'il était en eux, à améliorer la condition de eurs ouvriers; mais ils n'ont pu parvenir à les satisfaire, et ils ont été effrayés des exigences et des dispositions peu fraternelles de ceux qu'un sentiment de fraternité les portait à soulager.

Ces chefs d'industrie humains, aussi bien que le grand nombre de ceux qui capitulaient, se trouvaient en présence des doctrines socialistes, dont sont généralement imbues toutes les classes ouvrières des villes. Le salaire, quel qu'il soit, ne leur suffit plus, ils veulent partager le gain du maître, même le gain acquis depuis des années et auquel ils n'ont aucun droit; en un mot, ils veulent partager les biens, abolir la propriété. Ne sont-ils pas électeurs? N'ont-ils pas les mêmes droits politiques, les mêmes droits de souveraineté que les maîtres; pourquoi n'auraient-ils pas les mêmes droits de propriété? Et, comme ils sont les plus nombreux, ils ont la confiance qu'ils ne tarderont pas à triompher.

En présence de ces prétendus droits à la propriété, on se demande quelle est la solution. L'extermination de ces mécontents, répond-on. Ce mot ne s'écrit pas, mais il se dit en petit comité, en famille, quand on devise de l'avenir.

Cependant on ne s'en cache pas toujours en public. L'éminent homme d'Etat qui est à la tête du gouvernement français, se plaçant en face de cette grande question dans son discours apologétique de la république, le 29 novembre, a fortement accentué cette pensée de l'extermination dans ses conclusions.

Nous reculons devant cette solution, qui nous ramène au temps de la décadence de Rome païenne et républicaine, alors que Spartacus, à la tête des esclaves révoltés et des mécontents qui demandaient le partage des biens, défaisait successivement trois armées romaines et jetait l'épouvante dans la capitale du monde. Non, nous ne croyons pas les sociétés chrétiennes déchues à ce point, qu'elles n'aient plus d'autre ressource que l'extermination des ouvriers mécontents.

IIIe PARTIE.

SOLUTION.

I.

De ce que doit être la solution ; de ses trois degrés.

Toutes les transactions entre maîtres et ouvriers, toutes les délibérations et propositions émanées des nombreux comités formés dans le but d'arriver à une conciliation des intérêts, à un apaisement des passions, et même les propositions émanées des pouvoirs publics, n'ont point de *sanction*. Allons plus loin, et disons que les lois sur le travail, les plus humaines, les plus sages, manquent elles-mêmes de *sanction* ; c'est pourquoi elles sont éludées et deviennent inefficaces.

La *sanction*, c'est cette autorité efficace et supérieure qui soumet la volonté humaine et dompte les instincts aveugles. Or, cette autorité manque à tous les degrés de l'échelle sociale ; et c'est là qu'est la cause de toutes les grandes perturbations sociales qui tourmentent plus ou moins toutes les sociétés depuis 1789.

Une des grandes lois morales, loi qui ressort avec la dernière évidence de l'histoire, c'est que la révolte engendre la servitude, l'esclavage.

A l'avénement du Christ, toutes les nations gémissent dans l'esclavage. Dans le monde romain qui les absorbe, nous avons montré que l'esclavage s'appesantissait sur la plupart des membres des familles de citoyens. Cet état provenait de la révolte, laquelle se trouve au berceau de toutes les sociétés.

Le travail, organisé chrétiennement et en même temps selon la voix de la nature, est un des éléments les plus actifs de l'abolition de l'esclavage. L'histoire atteste avec la dernière évidence que ce travail est à travers les siècles un grand acte continu de l'émancipation humaine.

Mais cette organisation du travail a une triple sanction : celle de la loi religieuse ou des préceptes divins, comme aussi la sanction de la loi naturelle ou providentielle que nous avons clairement exposée ; en second lieu, la sanction des lois et coutumes locales qui l'établissent ; enfin la sanction du prince ou de l'autorité publique, sur laquelle s'appuie celle des maîtres et des patrons.

Mais qui est-ce qui donne au prince ou à l'autorité du prince cette puissance qui soumet toutes les volontés ? Dieu, la religion. Si nous prenons la plus ancienne société chrétienne, celle qui se fonda sous la domination des Francs, que voyons-nous ? Ce fier Sicambre Clovis courber la tête pour recevoir l'eau du baptême, puis l'onction du sacre qui en fait un roi soumis aux lois ou à l'autorité suprême de l'Eglise. C'est d'elle qu'il reçoit cette *sanction* ou cette autorité légitime qui courbe à son tour toutes les têtes ou toutes les volontés. Lorsque le sceptre doit passer de la race de Clovis à celle de Charles Martel, cela se fait du consentement du pape Zacharie : cette nouvelle dynastie est sanctionnée par l'Eglise. Quand Hugues Capet prend le titre de roi, il cherche aussitôt sa légitime sanction dans l'Eglise, en faisant acte de soumission à ses lois par la restitution des biens dont il jouissait contrairement aux canons ; et, pour fonder sa dynastie, il fait sacrer son fils de son vivant. Ces premiers rois de la troisième race sont entourés de vassaux dont quelques-uns sont plus puissants qu'eux, mais ils reçoivent de l'Eglise cette autorité supérieure du sceptre qui range ceux-ci sous leur domination.

D'un autre côté, reconnaissons que ce sont ces rois très chrétiens, ces rois légitimes, qui ont le plus travaillé, selon l'esprit de l'Eglise, à l'abolition de l'esclavage, à l'émancipation des peuples.

Qu'on étudie l'histoire, et l'on trouvera dans tous les Etats ou dans toutes les sociétés chrétiennes, peut-être moins clairement et moins efficacement que dans la glorieuse monarchie française, la triple sanction dont nous venons de parler.

Nous arrivons ainsi à la vraie solution. Il n'y en a point d'autre que de rétablir, de restaurer cette triple sanction : l'autorité légitime de l'Eglise, du prince et du maître.

II.

Influence prépondérante de la France sur la situation politique et sociale : *Socialisme* et *Césarisme*.

La « libre pensée, » c'est-à-dire la pensée anticatholique, et l'instruction de la jeunesse trop imprégnée de paganisme, voilà les deux grandes causes de la révolution française.

L'Angleterre avait devancé la France dans la libre pensée, et c'est à l'école de Bolingbroke et de Shaftesbury que Voltaire, passant le détroit, est allé cultiver les dispositions précoces qu'il avait montrées au collége. Le disciple surpassa ses maîtres par son habileté et la prodigieuse influence qu'il exerça, et c'est avec raison qu'on l'a appelé le roi du XVIIIe siècle.

Puis, un enfant de la république calviniste de Genève, J.-J. Rousseau, est venu faire éclore sous le souffle de sa passion plébéienne envieuse et sombre tous les germes de républicanisme païen qu'une étude mal digérée de l'antiquité déposait au cœur de la jeunesse, comme aussi les germes de mécontentement que les abus sociaux engendrent toujours dans les classes inférieures.

Sous l'action immédiate de ces deux hommes, nous avons en France un mouvement de doctrines subversives de la religion et de la société, qui est une véritable croisade, dont les encyclopédistes sont l'armée régulière et disciplinée.

Avons-nous besoin d'ajouter que cette croisade s'étend partout? Frédéric II fait venir Voltaire à sa cour et veut bien pendant trois ans devenir son disciple. La czarine Catherine veut à son tour avoir Diderot pour maître. L'élégant Grimm, qui n'a plus de tudesque que le nom, se fait le correspondant de tous les princes d'Allemagne.

Enfin, les doctrines entrent dans le domaine des faits, et la révolution française s'accomplit.

Mais alors tous les Etats, tous les trônes, sont menacés d'une chute imminente; et ces princes, ces diplomates, que l'esprit de Voltaire et de Beaumarchais avait amusés, qui s'étaient plu aussi à la lecture des tirades envenimées de Rousseau, ont été tirés de leurs songes et se sont émus à l'évidence du danger.

La révolution n'a fini qu'en 1815. L'émotion qu'elle avait produite chez les princes et leurs conseillers tenait trop chez la plupart au sentiment étroit et égoïste de la conservation, pour qu'ils songeassent dans leurs congrès à asseoir le nouvel édifice social sur des bases bien solides; ils pensaient que leur œuvre était bonne, parce qu'elle durerait bien autant qu'eux.

Le champ est donc resté ouvert à la libre pensée, au rationalisme, et il a continué ses ravages, renversant sur son chemin deux trônes et une république.

Où est arrivé de nos jours le mouvement de la libre pensée ou de la pensée anticatholique? Au *césarisme* et au *socialisme*.

Voltaire, ce grand moqueur et contempteur de toutes les choses vénérées et vénérables, s'inclinait devant la volonté des princes, qu'il méprisait tout en les flattant;

et il voulait que le peuple, auquel il ne ménageait pas l'épithète de canaille, fît comme lui. Non-seulement le césarisme moderne peut l'avouer pour père, mais le philosophe de Ferney personnifie encore, comme caractère, tous les partisans de cette doctrine d'Etat, tous les césaristes.

Le césarisme n'anéantit pas les institutions sociales, mais il les annule. Entre ses mains la religion même et ses ministres ne sont que des instruments. La raison d'Etat, la politique domine tout. Or, la raison d'Etat, c'est la volonté de César, qui doit être toute-puissante. Le césarisme, c'est enfin le culte du pouvoir identifié dans un homme, c'est l'Etat Dieu.

Sans nul doute, la paternité du socialisme appartient à J.-J. Rousseau. Mais reconnaissons qu'au sortir de ses mains, c'était un enfant aux traits à peine formés, tandis qu'aujourd'hui c'est un colosse qui nous remplit d'effroi. En effet, le socialisme est un syncrétisme, un monstrueux assemblage de toutes les erreurs, de toutes les doctrines subversives de l'humanité : il a accumulé toutes les négations. Il anéantit toutes les institutions : il a proclamé avec un cynisme infernal, comme s'il n'eût été que le porte-voix de Satan, la déchéance de Dieu.

Malgré la terreur qu'il devrait imprimer dans les âmes, on est obligé de reconnaître qu'il a fait et qu'il fait tous les jours de grands progrès. Pourquoi cela ? Parce qu'il proclame la souveraineté du nombre, la souveraineté inhérente à chaque homme, exercée par le suffrage universel. Avons-nous besoin d'ajouter que cette souveraineté, qui nie tous les droits préexistants, qui en fait table rase, a pour mission, pour fin dernière, de renverser César ou les princes ?

Or, cette souveraineté s'impose déjà tellement à l'opinion, qu'il est bien peu de libéraux, de politiques, enfin de serviteurs des princes, qui osassent dénier ses droits. Ils voudraient bien composer avec le socialisme ; mais les socialistes, ce sont ces millions de prolétaires et d'ouvriers qu'aucune concession ne saurait satisfaire. Toute composition est donc impossible, et un conflit est imminent.

Pour l'éviter, pour n'en pas venir à l'extermination, des princes chrétiens (car les princes se disent encore chrétiens) auront-ils recours enfin à la haute sanction de l'Eglise ? Elle seule, au nom des lois divines, a mission de condamner cet amas monstrueux de toutes les théories *antisociales*, qui, par dérision, ou plutôt par une de ces ruses de l'esprit de ténèbres, singe de Dieu, s'appelle le *socialisme*.

III.

Caractère monstrueux du césarisme moderne. — Secret de la force de la Prusse.

Les princes et leurs ministres, les chefs et les conducteurs des peuples, leurs conseillers, leurs écrivains, leurs partisans, en un mot tous les césaristes modernes, ont plus ou moins, à l'instar de Voltaire, leur père, la haine du Christ ou de son Eglise. Ils sont entrés ouvertement de nos jours dans ce grand complot du philosophe de Ferney contre le Christ, de tous les sceptiques et les athées contre Dieu ; les voilà devenus persécuteurs du pape, des évêques, des prêtres, des moines, surtout des religieux et des religieuses, qui consacrent leur vie à enseigner à la jeunesse l'obéissance à Dieu et aux princes. Jamais il ne s'est vu une telle perversion des esprits et des cœurs. A notre âge, hélas ! était réservé le plus honteux renversement du sens humain et la plus profonde dégradation des caractères, car les dix-huit siècles et demi de notre ère ne nous présentent rien de semblable.

Dans les persécutions des trois premiers siècles, les Césars païens traitaient d'impies les chrétiens qui ne voulaient pas adorer leurs fausses divinités ; c'était la guerre des dieux contre Dieu. Ensuite les princes chrétiens, fauteurs des hérésiarques, croyaient, en persécutant l'Eglise, donner aux peuples des gages de leur foi, car toutes les hérésies se donnaient pour la vérité chrétienne. Les grandes guerres des empereurs allemands contre la papauté se faisaient sous la réserve des droits mêmes de l'Eglise, ouvertement violés, mais jamais déniés. Nonobstant son penchant pour les coutumes musulmanes, Frédéric II voulait être catholique, comme le prouve l'absolution qu'il alla solliciter du pape Grégoire VII au château de Canossa. Les princes luthériens s'accommodèrent de la réforme pour s'enrichir en dépouillant l'Eglise et vivre avec plus de liberté au gré de leurs passions, mais sans avoir au fond le dessein de détruire l'Eglise catholique. Henri VIII, qui devint un cruel persécuteur, croyait avoir donné des preuves de sa foi de chrétien dans le livre qu'il avait publié contre

Luther pour la défense du pape. Enfin Bonaparte, renversant le Directoire après sa campagne d'Egypte et sa profession de foi mahométane, ouvre aussitôt des négociations pour la conclusion d'un concordat avec Pie VII ; et lorsque plus tard le moderne César persécute ce même pape, il appelle à son aide les évêques et veut faire un christianisme impérial.

Mais aujourd'hui, ô honte ! les gouvernements font alliance avec tous les ennemis du nom chrétien, les juifs, les francs-maçons, les voltairiens, les rationalistes ; ils ont des journaux stipendiés pour ameuter la tourbe des mécréants ; et sous leur pression, encore plus, à leurs applaudissements, ils usurpent les Etats du pape, dépouillent l'Eglise de ses biens, enlèvent aux évêques leurs traitements, chassent de leurs couvents les religieux et les religieuses, et, tranchant les questions théologiques comme il leur plaît, vouent le clergé au ridicule, au mépris et à la haine des populations impies. A toutes les usurpations, à toutes les violences, les victimes n'opposent que des protestations, et les gouvernements, les princes, de se féliciter de leurs succès, de se croire forts !

Voici le secret de la force de la Prusse, de son roi devenu empereur, et du chancelier qui gouverne en son nom.

Comme nous le disions au début, il a été donné à la France d'avoir dans la chrétienté la plus grande mission civilisatrice par sa monarchie, dont l'esprit un, le caractère paternel, l'admirable hiérarchie, étaient la plus belle image de l'Eglise catholique. Cette nation, affolée par ses philosophes impies, laissa commettre par une poignée de démagogues fanatiques le plus grand crime qu'a vu la terre après celui du Calvaire. Dès lors la justice de Dieu s'appesantit sur la France ; des flots de sang inondèrent les rues et les places publiques de ses principales villes ; il lui fut donné ensuite un conquérant qui fit périr des millions de ses enfants sur les champs de bataille et livra ce beau royaume aux désastres de deux invasions.

Après cette première expiation, la justice divine comme apaisée renvoya à cette nation ses rois légitimes pour panser et guérir les plaies ouvertes et saignantes que lui avaient faites ses dissensions et ses guerres. Mais, ô ingratitude inouïe ! les Français chassèrent leur vieux roi Charles X, plus Français qu'aucun homme de France et le plus chevalier des rois. Un de leurs poëtes avait dit :

Le trident de Neptune est le sceptre du monde...

et depuis lors tous les écrivains avaient vanté l'Angleterre, ses lois, ses libertés et les richesses qu'elle amasse par son commerce ; ils mirent donc un roi marchand sur le trône et voulurent devenir marchands avant tout. Mais ces bourgeois français n'étaient pas de véritables marchands, des hommes d'affaires tristes et absorbés par le souci des affaires ; bien qu'ils fussent âpres au gain, ils aimaient cependant à rire et à se souvenir qu'ils avaient été vaillants, nonobstant les deux invasions. Leurs dramaturges exploitèrent ce penchant ; l'un d'eux introduisit sur la scène *Chauvin*, le type du troupier, et la France bourgeoise et marchande devint chauviniste. Or, il arriva que le roi marchand et bourgeois fut chassé par la révolution qui continuait sa marche. Après un court et sanglant essai de république, les chauvinistes l'emportèrent et dotèrent la France de ce régime bâtard, corrompu et corrupteur, qui s'est appelé le second empire, et sous lequel tant de Français, à l'instar du chef de l'Etat, avaient fini par être ornés de tous les vices.

Mais une seconde expiation attendait cette nation, qui avait une seconde fois et si longtemps trahi sa mission et ses hautes destinées, avec une si noire ingratitude et une si coupable légèreté. Pour cela Dieu préparait un peuple voisin qui, travaillant depuis tant d'années à inculquer sa jalousie et sa haine de la France au reste de l'Allemagne, travaillait avec non moins d'ardeur à grossir et discipliner ses armées, à inventer des engins de destruction gigantesques, à former des chefs habiles et versés dans la science militaire. Et lorsque cette formidable puissance est prête, lorsque ses plans d'envahissement et de destruction de la France sont bien combinés, pesés et mûris, quelle folle provocation met en mouvement ses armées et celles de ses alliés, non moins bien organisées et disciplinées ! Que de fautes alors du côté du César français, mais aussi que de désastres accumulés en quelques jours sous le commandement de cet empereur de théâtre qui a cru se sauver en capitulant à la tête de 100,000 hommes ! Tous les succès devaient suivre celui de Sedan.

Ainsi s'explique la force de l'empereur Guillaume et de son conseiller M. de Bismark.

Examinons maintenant le côté faible de cette force de l'ennemi de la France.

Dieu, dans sa prescience, a vu tous les maux que cette

nation hérétique voudrait faire à la religion, la persécution qu'elle susciterait de nos jours, et il a inspiré à son Eglise la convocation du concile du Vatican, dont les travaux furent poursuivis au milieu des clameurs, des troubles et des embarras de toute espèce, au milieu même de l'opposition de quelques évêques. Ses décrets furent proclamés le 18 juillet, précisément la veille de la guerre qui devait rendre impossible une plus longue durée du concile, puisqu'elle réduisit quelques semaines après le pape en captivité. Or, ce concile restera comme l'événement le plus important de ce siècle. Il a uni indissolublement au Pontife romain, au Père commun des fidèles, tous les évêques de la catholicité, resserré les liens qui rattachent à son chef suprême le clergé de tous les pays. Il a surtout opéré, par ce temps de trouble et de diffusion de toutes les erreurs, la séparation des pasteurs restés fidèles à la foi catholique de ceux qui étaient devenus infidèles à cette foi. La Providence, perçant le secret de ces esprits vains et superbes qui, séduits par de fausses idées politiques et l'amour de la popularité, préméditaient de se séparer de l'Eglise, a voulu retremper les conducteurs des âmes dans l'unité catholique. Cette œuvre divine faite, la Prusse, jugeant le moment venu de déclarer la guerre à l'Eglise, fait éclater l'hérésie des vieux-catholiques ; mais elle éprouve le plus humiliant échec qu'on ait peut-être jamais vu en pareille tentative, elle ne peut détacher un seul évêque de la communion du siége de Rome. Puisant dans la prière au tombeau du saint martyr qui a implanté la foi dans le pays, l'esprit de force et de sagesse apostoliques, l'épiscopat allemand tient à l'autocrate du nouvel empire un langage ferme, digne et en même temps respectueux, car ces vrais disciples du divin Maître ont appris à rendre à César ce qui appartient à César, c'est-à-dire le respect et l'obéissance en tout ce qui n'est pas contraire aux lois de l'Eglise. Contre cette phalange sacrée vient se briser la puissance de l'empereur et de son ministre. Si le premier César français fut vaincu dans sa guerre contre le saint-siége, du moins avait-il pu rattacher à sa cause des évêques français ; mais ici, impuissance complète, radicale !

Autre impuissance. Le roitelet savoyard, devenu par la spoliation roi d'Italie, et qui s'est fait lieutenant de M. de Bismark, ne peut enchaîner la grande voix du Pape, laquelle dénonce à l'univers les nouvelles persécutions de l'empire allemand, qui trouve un imitateur dans le prétendu roi d'Italie. Cette voix du Pontife octogénaire de Rome, c'est la puissance morale contre laquelle se brise fatalement la force matérielle des princes, si grande qu'elle soit.

Le politique qui dirige les destinées du nouvel empire allemand ne voit pas (ce qui est pourtant si visible !) qu'il travaille à l'œuvre de Dieu. Le vent de la persécution fait voler la paille loin du bon grain. La société chrétienne pourrait-elle se régénérer sans cette séparation des bons et des mauvais ? Nullement ; que ce grand ministre continue donc à l'opérer. L'empire des francs-maçons, des juifs, des mécréants et des renégats, durera le temps que la Providence a assigné à cette épreuve, qui doit, comme le feu de la fournaise dont parle l'Ecriture, purifier l'or, c'est-à-dire les âmes chrétiennes souillées de nos jours par tant d'éléments impurs.

IV.

Solution par la France.

Le socialisme et le césarisme sont en présence. Il est évident que le premier doit dévorer ou absorber le second, ce qui se fait déjà par le suffrage universel, lequel s'impose dans la plupart des Etats.

Mais le triomphe complet et durable du socialisme, c'est l'anéantissement de la société même, qui ne peut se sauver, comme nous l'avons vu, qu'en se rasseyant sur cette triple base des sociétés : l'*autorité de l'Eglise*, l'*autorité légitime du prince* et l'*autorité du maître*.

Mais d'où viendra le salut ? De la France. Ses destinées ne sont-elles pas écrites dans l'histoire des sociétés chrétiennes ? Sans doute, depuis quatre-vingts ans elle trahit sa grande mission civilisatrice, et toutes les nations sont dévoyées par elle. Mais après sa seconde expiation, plus désastreuse et surtout plus humiliante que la première, qu'il est grand le nombre de ses enfants qui ont les yeux fixés sur la profondeur de l'abîme, qui veulent fermement, sans retour sur eux-mêmes ni lâche complaisance, se sauver en sauvant leur patrie !

Les Français qui ont cette volonté ferme et désintéressée sont des catholiques. Ils comprennent que les maux qui ont affligé leur patrie et toute la chrétienté ont leur première source dans l'abandon de la foi catholique. Ils entendent donc que la foi renaisse vivante et florissante dans leur pays. C'est à cette condition que ce pays sera rendu à ses destinées, que la France redeviendra le royaume très chrétien et la fille aînée de l'Eglise. Mais pour cela, il lui faut un roi très chrétien. Ce roi marchera sur les glorieuses traces de ses prédécesseurs. Il sait qu'à la fin du ve siècle, alors que toute l'Europe était envahie par les tribus germaniques infectées de l'hérésie arienne, le seul roi catholique était Clovis, et que ce fondateur de la monarchie française, marchant à la conquête de nos plus belles provinces, disait à ses braves guerriers : Allons délivrer ce pays de la domination des hérétiques. L'exemple de Pépin délivrant le pape du joug des Lombards parlera encore bien plus haut à son âme. Quels modèles il aura dans Charlemagne, Philippe-Auguste, saint Louis et tant d'autres rois de France, même dans le plus infortuné de tous, Louis XVI, aussi grand dans la tour du Temple et à l'échafaud que saint Louis dans les fers, ce martyr qu'aucun souverain n'a peut-être égalé dans l'amour pour son peuple !

Les catholiques français veulent restaurer la royauté traditionnelle, sans laquelle la France ne peut être reconstituée. A cette heure de renaissance, elle renouera la chaîne brisée des temps, relèvera le trône du pontife-roi, et se replacera tout naturellement à la tête du grand mouvement de civilisation chrétienne.

Mais la grandeur et la puissance de la France dans le monde a pour condition sa force intérieure, ses vertus privées, domestiques.

On a défini la vertu, l'habitude de faire le bien. Cette définition est vraie pour les peuples comme pour les individus. Les coutumes et les traditions sont aux vertus nationales ce que l'habitude est aux vertus individuelles.

La restauration monarchique opérée, la royauté apportera ses précieuses traditions de bonté, de justice, d'honneur, de désintéressement et de grandeur.

Elle commencera par calmer les mauvaises passions qui sont la racine du mal. Car, en 1789, comme l'a si bien dit l'éminent publiciste Alexis de Tocqueville, il existait dans la société deux courants : l'un, qui était bien faible, celui de la liberté vraie et honnête ; l'autre, si fort et si violent qu'il emporta l'édifice social, c'était celui de la haine. Or, ce courant mauvais et destructeur est resté, il souffle à présent sur les classes ouvrières, se déchaîne partout et menace d'emporter l'édifice, comme il a déjà fait une première fois. Au seul roi légitime, qu'on y songe bien, il appartient de faire disparaître en France l'envie et la haine des classes inférieures, comme le prouve l'histoire du passé.

Au seul roi légitime, revenant avec les traditions d'honneur, de désintéressement et de grandeur de sa race, il appartiendra encore d'éteindre cette soif de richesse, cause principale de la désorganisation du travail, et de ramener l'esprit français avec ses brillantes qualités et ses solides vertus. Ce roi remettra alors en honneur cette douce et souriante bienveillance, cette vive et aimable bonté d'autrefois qu'on a désapprises et dont on ne connaît plus que des formules banales. Son exemple salutaire, comme cela est toujours arrivé, sera contagieux, et, pénétrant de proche en proche, s'étendra au loin.

Mais ce roi de France sera le père du peuple ; il aura à cœur de venir en aide à tous ceux qui souffrent, de soulager toutes les misères ; il voudra surtout alléger le sort de l'ouvrier qui porte le poids du jour, améliorer sa position en le protégeant contre la cupidité de ceux qui l'exploitent. C'est là la grande œuvre sociale, qui doit faire disparaître l'état de dégradation, d'esclavage, qui a implanté le germe de la révolte au cœur des travailleurs.

Alors, qu'on veuille bien le remarquer, plus de la moitié de cette importante tâche sera déjà faite. Car le roi, ramenant les nobles traditions inhérentes à la royauté, par là même les traditions inhérentes au peuple reviendront presque d'elles-mêmes, car les unes et les autres sont les traditions vitales de la France. Elles sont ses bases nationales et naturelles.

Revenir aux traditions nationales, ce sera en même temps repousser ces théories d'origine anglaise ou mises en crédit par l'influence de l'Angleterre, lesquelles ont réduit certaines classes de travailleurs à un degré de misère inconnu aux peuples barbares. On retrouvera bientôt les traditions perdues de ce patronage d'autrefois, par lequel l'ouvrier devenait membre de la famille du maître et recevait d'elle une direction morale dont toute sa vie se ressentait. Et il arrivera que l'ouvrier, se voyant honoré et étant rassuré sur son avenir par la sollicitude de ceux dont son existence dépend, n'enviera plus une autre condition et ne réclamera plus des profits dénaturés et un gain plus considérable que celui que procure un travail honnête.

V.

Objections et réponses; représentations et exhortations; avertissements.

Mais allons au-devant des objections ou plutôt des préjugés qui se sont emparés de tant d'esprits, et que la vie de polémique dans laquelle ils s'agitent contribue à fortifier.

Ce que vous nous proposez, dira-t-on, est impossible, de toute impossibilité, car ce serait une *contre-révolution* qu'il faudrait faire.

Tant de gens qui objectent l'impossibilité d'une *contre-révolution*, à qui le mot seul fait peur ou cause une profonde répugnance, n'ont jamais pesé le sens de ce mot, ne se sont même pas arrêtés une minute à la pensée qu'il renferme. Une révolution produit toujours un dérangement profond, une perturbation dans le corps social aussi bien que dans le corps physique. L'un et l'autre ne sauraient vivre en cet état. Or, comment s'opère la guérison? Il est dans la nature des choses qu'elle s'opère par un retour aux conditions normales, et c'est là une *contre-révolution*.

L'expression nous paraît aussi juste que l'idée qu'elle renferme. C'est une *contre-révolution* qu'il faudrait faire, c'est-à-dire le contraire de ce qu'a fait la révolution. Ainsi, au lieu de détruire, on édifierait; au lieu de se repousser, de se proscrire, de se fusiller, on se rapprocherait, on s'unirait d'une union vraiment fraternelle.

Le roi, cette image vivante de la paix, de la concorde, serait enfin rendu aux hommages de son peuple, qui l'acclamerait encore au cri joyeux de : *Vive le roi !*

Ici on nous arrête par cette terrible objection : « C'est » l'ancien régime que vous proposez. Est-il possible » d'être si peu de son temps ? » *L'ancien régime,* c'est là une objection sans réplique, car elle impliquerait cette autre conséquence, l'abandon des principes de 89, l'abandon de cette grande conquête de la liberté moderne.

Pour préserver un arbre à fruit du dégât des oiseaux, on y attache un épouvantail. Mais les oiseaux ont bientôt fait de s'apercevoir que ce mannequin n'est qu'un fantôme inerte dont ils n'ont rien à craindre. Est-il possible qu'en France des esprits doués d'ailleurs de beaucoup de bon sens et qui, en tant d'autres choses, ont une vue si claire, si pratique, descendent en politique plus bas pour l'intelligence que le peuple ailé des champs, et qu'il suffise d'agiter à leurs yeux cet épouvantail de *l'ancien régime* pour les faire fuir loin de l'arbre de vie, loin du port.

On a fait croire à de pacifiques bourgeois qui n'ont jamais travaillé que pour leurs intérêts et ont laissé faire toutes les révolutions, s'accomplir toutes les iniquités politiques et publiques, en subissant le joug de toutes les tyrannies, qu'ils avaient conquis les *grands principes* de 1789, et ils se sont pris d'une sorte d'idolâtrie pour cette décevante chimère. Ils ont identifié la liberté avec la république, comme si, pendant tant de siècles, nos pères de glorieuse mémoire n'avaient jamais connu la liberté. Aujourd'hui, en présence de ce qu'on nomme les prétentions légitimistes, en présence de la prétendue menace d'un ancien régime pour toujours évanoui, ils songent à relever leur idole, la république. Mais cette idole-république n'est autre chose que le rêve d'une égalité sociale impossible joint au culte du veau d'or, c'est-à-dire à la liberté illimitée de devenir riche.

Au lieu de réduire l'ancienne France à néant et de faire les fils meilleurs que les pères, voici ce qu'il conviendrait de dire aux bourgeois de nos jours.

La bourgeoisie, le tiers état, avait en France le passé le plus glorieux. En 1789, lorsque les états généraux furent convoqués, la glorification du tiers état ce jour-là était fondée, car le tiers état présentait un faisceau de lumières, de talents, de vertus, le plus admirable que jamais nation ait peut-être offert au monde. La science et l'industrie lui devaient les plus belles découvertes, les lettres, la poésie et les arts, les plus grands chefs-d'œuvre. Mais ses vertus, vivifiées et gardées intactes par l'honneur, en faisaient avant tout le premier peuple de la terre. Le marchand et l'ouvrier n'étaient pas moins fiers alors de leur réputation de probité que le gentilhomme du blason de ses pères, et ils étaient heureux de penser que leurs fils la conserveraient pure et sans tache.

D'où était sortie cette société française que toutes les autres prenaient pour modèle? Etait-elle sortie de la déclaration des droits de l'homme et de toutes les constitutions qui furent ensuite fabriquées? Certes non. Elle était sortie, ou plutôt elle était le produit de la constitution monarchique. Son roi, orné de toutes les vertus et le plus sincèrement libéral de tous les Français, voulut partager son pouvoir avec ses sujets comme un père partage ses biens avec ses enfants. Mais la nature produit des enfants dénaturés qui veulent dépouiller leur père. C'est ce qui arriva. Ceux qui ont voulu être plus libéraux que Louis XVI étaient de ce nombre, comme l'histoire le prouve. Et éternellement l'histoire montrera à la postérité comme le dernier degré du crime sur la terre l'assassinat par ses enfants dénaturés de ce père environné de la majesté royale.

Qu'elle était grande et considérée au dehors cette société monarchique! Le vainqueur des Français à Rosbach, qui fit la Prusse une grande puissance, reconnut toute sa vie la supériorité sociale de la France : ses académies, ses ateliers (1), étaient peuplés de Français. La littérature française faisait ses délices. Un an avant sa mort, en 1785, il avait fait mettre au concours par l'Académie de Berlin un discours sur les causes de l'*universalité de la langue française*. Ajoutons que son maître, Voltaire, si peu Français par le cœur, ne voyait pourtant pas de nation ni de société plus glorieuse que la France du siècle de Louis XIV.

Où en est-elle aujourd'hui, cette pauvre France ? On la relègue au dernier rang des nations. On lui conteste tout

(1) Voici l'origine, que nous donne un spirituel écrivain, du proverbe « travailler pour le roi de Prusse. » Frédéric II aimait beaucoup la France; il a souvent occupé des ouvriers français; il les a payés, nous n'en doutons pas, mais il est à peu près certain qu'il ne les a pas payés royalement. *Noblesse oblige* envers tout le monde quand on est roi, surtout envers les petits. Le peuple français le sait à merveille : pour lui un roi économe, c'est un homme avare. — Travailler donc pour un roi qui paie comme un bourgeois, c'est travailler pour un bourgeois qui ne paie pas, en un mot c'est *travailler pour le roi de Prusse.* (Charles ROZAN, *Petites Ignorances de la conversation.)*

ce qui faisait sa gloire, sa grandeur. Les Français sont obligés à présent d'épeler les langues étrangères, surtout le rude allemand, que le grand Frédéric dédaignait. Les vainqueurs contestent la supériorité de la langue française, qu'ils reconnaissaient il y a un siècle. Ils la chassent de partout, même de la diplomatie, car ils s'essaient à rédiger leurs protocoles et à échanger leurs notes en allemand. Puis, comme conséquence, ils proclament l'infériorité de notre littérature qu'ils ont tant imitée. Bien entendu qu'ils ont le monopole de la science, comme nous autres Français nous avons celui de l'ignorance. Nous ne sommes plus enfin qu'un peuple dégénéré, qu'une race usée, impuissante.

Comment se relever d'une humiliation sans exemple dans l'histoire ? En repoussant toutes ces constitutions sans sanction, qui sortent aussi bien du cerveau d'un lycéen journaliste que de celui d'un homme d'Etat, et en revenant à la constitution monarchique ; celle-ci a la sanction des siècles ; elle renferme le principe virtuel et effectif de sa grandeur et de sa gloire, son principe de vie et par là même son principe de salut dans les grandes crises qu'elle a traversées de siècle en siècle. Que la monarchie française doive reprendre et consacrer le régime constitutionnel, parlementaire, qui le nie ? Qui a voulu une constitution plus sincèrement et plus loyalement que Louis XVI ? N'est-ce pas Louis XVIII qui a donné la *charte* en 1814 ? Et la parole de Henri de France n'a-t-elle pas plus de valeur que toutes les promesses des ambitieux qui convoitent le pouvoir ?

La France, revenant au droit, recouvrant sa constitution monarchique, traditionnelle, redeviendra dès lors en

Europe la nation amie, la sœur aînée, conductrice et libératrice des nations chrétiennes. Elle tendra la main à celles qui gémissent à présent sous la tyrannie de certains politiques, devenus les instruments de cet esprit d'impiété, d'athéisme, qui veut anéantir la religion et du même coup la société dont elle est le fondement.

Ah ! si l'on savait en France les immenses espérances de salut que fondent les peuples chrétiens sur notre patrie restaurée, redevenue la fille aînée de l'Eglise ! Dans cet empire allemand qui a été notre plus impitoyable vainqueur, le vrai peuple allemand, celui qui a conservé pure la foi de ses pères, croit encore au vieux Dieu, que l'on voudrait mettre à la retraite. Mais le vieux Dieu, dit-il, vit encore, et il n'acceptera pas son congé des puissances du jour. Eh bien ! ce brave et naïf peuple croit que la France est appelée à le délivrer ; il tourne vers elle ses plus chères espérances, il suit avec tous les battements de son cœur le mouvement religieux et monarchique qui s'y produit.

S'ils sont peu touchés de nos raisons, ces bourgeois qui songent à relever l'idole-république de néfaste mémoire, nous leur donnerons, à ces concitoyens, à ces frères égarés, quelques avertissements sur les dangers qu'ils courront.

Nulle histoire ne démontre aussi bien que l'histoire de France, avec une évidence aussi saisissante, cette loi générale des révolutions politiques, savoir : *Le parti le plus passionné, le plus violent, triomphe toujours des autres par l'intimidation et l'abus de la force, et il devient proscripteur ; mais, comme c'est toujours au nom du droit qu'il proscrit, le droit profané, violé, se venge de ces pros-*

cripteurs, qui sont proscrits à leur tour. Une république modérée, conservatrice, est une utopie, une chimère. La république modérée des Girondins n'avait-elle pas pour elle le prestige du talent et de l'éloquence ? Elle succomba pourtant en fort peu de temps sous l'intimidation et le couteau de la guillotine, cette arme des jacobins. Mais ceux-ci montèrent à leur tour sur l'échafaud. Puis les superbes républicains du Directoire prirent la fuite devant les baïonnettes du général Bonaparte. Alors, pour consolider son pouvoir, le dictateur eut recours aux bannissements, aux condamnations à mort, et même à un assassinat juridique.

Les générations présentes, rapprochées de ces tragiques événements, ne peuvent méconnaître ce haut enseignement de l'histoire que par la plus coupable légèreté ou le plus complet aveuglement des passions et des préjugés. Si elles se laissaient entraîner à recommencer cette lugubre et lamentable histoire du gouvernement républicain, ne mériteraient-elles pas un châtiment plus exemplaire que les autres déjà si terribles ?

La haine est homicide. Elle a débordé de nos jours, hideuse et folle de sang et de pillage, dans les rangs soulevés des classes inférieures. Après les horreurs de la Commune, nous conjurons avec larmes la bourgeoisie de ne pas s'exposer aux excès de toute espèce, qui, en temps de république, surgiront comme du cratère d'un volcan sous l'impulsion du dogme impitoyable de la souveraineté nationale.

Qu'elle veuille bien méditer sur ce que nous ajouterons encore ici.

Alors qu'elle, la bourgeoisie, s'appelait le *tiers état*, ne s'est-elle pas laissé souffler par le génie révolutionnaire l'envie et la haine contre les classes élevées, la noblesse et le clergé, même contre la royauté, à laquelle elle devait en grande partie les libertés dont elle jouissait? N'a-t-elle pas conspiré contre l'infortuné Louis XVI, dont le cœur paternel s'ouvrait si généreusement pour elle, et qui l'avait appelée à l'honneur de siéger dans cette assemblée de la nation, convoquée par lui pour remédier aux maux de ses sujets, de ses enfants? Qu'a produit cette haine ? Elle a produit ces horribles forfaits qui ont précédé et suivi le régicide, elle a produit ce dernier crime, le plus épouvantable qui ait affligé l'humanité après le déicide.

Dieu, qui ne laisse pas les crimes des nations impunis, a ensuite visité la France par les plus affreuses calamités. Nous ne répéterons pas ce que nous avons dit à ce sujet. Mais que la bourgeoisie nous permette de lui dire que l'expiation doit être la mère du repentir et de la pénitence. Malheur à elle, et aussi à nous, au pays, si elle était indifférente aux crimes qui ont attiré tant de maux sur la patrie! Le dernier châtiment, qui dure encore, n'aurait peut-être fait que commencer.

Nous la conjurons du fond de nos entrailles de ne pas s'exposer au terrible avenir qui l'attend et à l'immense responsabilité qui pèsera lourdement sur elle, si elle ne retourne point dans les voies de la saine politique et du droit.

VI.

Résultat. — Catastrophe et restauration.

Dieu envoie des épreuves aux peuples comme il en envoie aux individus, pour les guérir, pour les remettre dans la voie de leur vocation. Ce n'est donc pas en vain que la France a traversé ces jours à jamais ineffaçables de calamités et d'humiliations, qui pèsent encore sur elle. Le plus grand nombre de ses enfants en a profité, en s'humiliant sous la main paternelle qui les châtiait. Cependant il en reste encore un nombre, hélas ! beaucoup trop grand, qui n'en profite point, qui n'en veut point profiter. Ils ferment les yeux à la lumière, parce qu'un poison mortel s'est insinué dans leur cœur, et qu'ils aiment la douceur de ce poison.

Essayons de dépeindre cette classe d'hommes.

La Bible nous dit que les Israélites, lassés de leur marche dans le désert, dégoûtés de la manne, s'élevèrent contre Moïse et s'emportèrent à des plaintes contre Dieu même ; Jéhovah fit sortir de terre contre ces ingrats des serpents dont la morsure était mortelle. Les plus séditieux furent épouvantés, et ils changèrent leurs murmures et leurs menaces en prières et en gémissements. Le Seigneur apaisé ordonna à Moïse d'élever un serpent d'airain, lequel guérirait de leurs blessures tous ceux qui tourneraient les yeux vers lui.

Que de Français, depuis 89, ont été mordus par le serpent de la révolution, c'est-à-dire par l'esprit de révolte et d'envie ! Ceux qui ont été guéris de leur morsure sont ceux-là qui se sont purifiés du venin mortel de la haine. Chrétiens, ils sont revenus à cette religion sainte du Christ, figurée par le serpent d'airain, laquelle seule a la vertu de guérir les blessures mortelles de l'âme humaine.

Mais il est bien d'autres fils de cette malheureuse France, mordus au cœur par le serpent de la haine du Christ, qui ne lèvent vers le serpent d'airain que des regards de malédiction et qui n'ont à la bouche que le blasphème de son nom. Ces Français-là ne guériront pas, puisqu'ils sont les ennemis du divin Médecin des âmes.

Ce sont ces hommes-là qui voudront jusqu'à la fin relever l'idole-république, laquelle doit réaliser pour eux cet idéal de liberté que l'histoire nous montre en 1792. Le premier acte de leur république sera de décréter la séparation de l'Eglise et de l'Etat, qui sera à proprement parler l'exclusion de l'Eglise de l'Etat ou de la société. Ils chasseront la religion de partout, des écoles, des tribunaux, de leurs assemblées, de leurs lois, du sein même de la famille au moyen de l'enseignement laïque, c'est-à-dire sans religion, qu'ils rendront obligatoire pour enlever les enfants en bas âge à leur mère. Quant aux églises, ils trouveront bien moyen de les fermer et d'envoyer les prêtres en exil ; la république de 1792, qu'ils glorifient, a fait cela et pis encore.

Ce qu'ils voudront faire là, la Prusse, Bismark, le font déjà ; ils ne seront donc pas les plagiaires des jacobins seulement, mais des Prussiens. Cela est naturel ;

Voltaire, dont ils ont sucé le venin, la haine du Christ, n'était-il pas l'ami du grand impie qui portait la couronne royale de Prusse ? Les Français qui se battaient pour arrêter les progrès de cette puissance ennemie de l'Eglise, et aujourd'hui sa persécutrice, n'étaient pour le fils d'Arouet que des Velches que Frédéric devait exterminer.

Toutes les dénégations de ces républicains n'empêcheront pas alors qu'on ne les tienne pour les alliés naturels des Prussiens, ces impitoyables ennemis de la France, qui lui ont fait une guerre d'extermination. Cette alliance pour l'abolition de la foi catholique est non-seulement naturelle, mais elle est déjà un fait consommé par leurs agissements. Ils n'oseraient l'avouer, cette alliance avec Bismark ; elle ferait trop d'horreur. Disons même que bon nombre n'en ont pas conscience, tant la haine de Dieu remplit l'intelligence d'épaisses ténèbres ! Mais, avec ou sans conscience de leurs actes, les malheureux travaillent à la ruine, à l'anéantissement de leur patrie et au triomphe final de la Prusse.

C'est en vain que ces hommes-là (nous ne saurions les appeler Français) se flattent de tarir encore une fois la vie nationale vers laquelle se portent tant de millions de Français, et dont ils veulent enfin jouir après un si long temps qu'ils en ont été privés. Ils sentent qu'ils traînent leur existence dans un désert, et ils aspirent à cette vie tarie par nos révolutions comme le cerf brame après la source d'eau vive.

C'est en vain qu'ils se flattent, ces hommes doublés d'un démagogue et d'un voltairien, d'écraser la monarchie et l'*infâme*, le trône et l'autel ; ils ne réussiront point. Ils s'attaquent aux plans divins, qui ne sont point conçus comme les plans humains, tout au plus pour une vie d'homme, mais pour les siècles. Dieu fait et constitue les nations. Il lui a plu de faire et de constituer monarchique la nation française, de la placer telle à la tête du grand mouvement des peuples, de la faire l'initiatrice de la civilisation chrétienne, parce qu'elle est le soutien et comme le bras droit de l'Eglise catholique, laquelle a enfanté et enfante tous les jours cette société spirituelle qui doit embrasser l'univers.

C'est en vain qu'ils se flattent d'arrêter encore le grand mouvement de civilisation chrétienne, presque interrompu depuis plus de 80 ans, avec leur fantôme de liberté païenne, qui n'a produit que la tyrannie et un amour effréné des richesses et des jouissances. Sans doute, ils parviendront à causer de grands maux, à faire des ruines, à répandre beaucoup de sang. Ils soulèveront cette masse d'ouvriers que leurs doctrines subversives et athées ont pervertis, ils feront éclater la guerre sociale dans leur pays et dans le monde entier; mais en définitive ils seront vaincus, et leur mémoire, exécrée.

Si Dieu réserve encore son Eglise, la France, le monde catholique, à cette lutte suprême, il leur réserve aussi le triomphe final. C'est par la France surtout, nous en avons la conviction, que l'Eglise opprimée triomphera; la monarchie restaurée des Pépin et des Charlemagne délivrera encore le Pontife romain et le rétablira dans ses droits. La monarchie de saint Louis et de Louis XIV continuera à avoir l'initiative de la civilisation chrétienne au dedans et au dehors. Au dedans, elle rétablira la société chrétienne et politique sur des bases solides en mettant fin au socialisme, et la société française redeviendra un modèle qui sera imité à l'envi. Au dehors, elle aura ses missionnaires, ses voyageurs, ses négociants, ses savants, ses artistes, ses colons, tous animés et doués de l'esprit chrétien et civilisateur. C'est alors que la France se dilatera réellement, qu'on la retrouvera encore loin du foyer domestique, et que, dans les contrées les plus reculées, on pourra dire avec vérité qu'il y a de la France partout.

FIN.

TABLE DES MATIÈRES.

COURTE INTRODUCTION.

LE PEUPLE FRANÇAIS ET LE PEUPLE JUIF. L'IDOLE : CE QU'ELLE ENFANTE.

Ire PARTIE.

ORGANISATION DU TRAVAIL ABOLISSANT L'ESCLAVAGE ET ENFANTANT LES LIBERTÉS MODERNES.

IIe PARTIE.

DÉSORGANISATION DU TRAVAIL RAMENANT L'ESCLAVAGE ET ENFANTANT LE SOCIALISME.

IIIe PARTIE.

SOLUTION.

BESANÇON, IMPR. DE J. JACQUIN.

DU MÊME AUTEUR :

L'AVENIR DE LA FRANCE.

« L'*Avenir de la France!* Beau titre et beau sujet d'étude !..... Il (l'auteur) juge la France ancienne et la France nouvelle avec une liberté tranquille que nous n'avons pas toujours, à cause de nos griefs et peut-être de nos passions; c'est pourquoi son livre, venu de loin, frappera mieux les esprits qui cherchent la solution de ce grand problème de l'*avenir* vers lequel se tournent à la fois nos craintes et nos espérances. »

(LAURENTIE, *Union* du 6 janvier 1873.)

« Jamais l'opportunité des questions qu'il (cet ouvrage) soulève ne parut plus saisissant, jamais le grand problème qu'il agite ne se dressa plus menaçant devant la France, jamais les circonstances ne démontrèrent plus éloquemment l'urgence de la solution qu'il indique. »

(TANCRÈDE DE HAUTEVILLE, *Union* du 9 janvier.)

www.ingramcontent.com/pod-product-compliance
Ingram Content Group UK Ltd.
Pitfield, Milton Keynes, MK11 3LW, UK
UKHW012054240726
13965UKWH00003B/1283

9 782013 184861